한자와 문화

한자와 문화

漢字 & 文化

황수연

보고사
BOGOSA

책머리에

한자는 오랫동안 우리 선인들이 사용해온 문자로서 역사와 문화, 사상, 예술은 물론 일상생활의 기록에도 쓰였다. 지금은 더 이상 그와 같은 용도로 사용되지 않지만 한자는 우리의 언어생활에 여전히 많은 영향을 미치고 있다. 뿐만 아니라 한자 문화권에 속한 동양의 문화와 역사를 이해하기 위해 한자의 습득은 매우 중요하다.

단순히 많은 한자를 익히고자 한다면 일정한 책을 정해 무조건 쓰면서 외우는 것이 빠를 수도 있다. 하지만 그런 방식으로 익힌 한자는 시간이 조금 지나거나 시험을 치르고 나면 금방 잊어버리게 된다. 한자가 만들어진 원리와 배경, 문화 등을 통해 한자를 익히면 배우는 재미도 있고 기억에도 오래 남을 것이다.

이 책은 대학에서 강의할 교재로 사용하기 위해 만들어 졌다. 한자의 습득도 중요하지만 개인적으로 한자 문화권에 대한 이해를 높이고자 하는데 수업의 목표를 둔다. 이에 문화 속에서 한자를 읽고 한자를 통해 문화를 이해할 수 있었으면 하는 의도를 가지고 교재를 만들었다.

이 책은 대학 교육 과정상 두 학기에 이어 강의할 수 있는 분량으로 만들어졌다. 반드시 순서에 맞춰 강의를 해야 하는 것은 아니며 주제에 따라 선별하여 재량껏 사용할 수 있다. 하지만 나름대로 순서를 염두에 두어 주제별로 엮었다. 세상이 어떻게 만들어졌는지에 대해 관심을 갖게 된 것을 선두로 인간의 탄생, 우주의 철학적 원리 등의 차례로 배열하여 이야기를 이어 가고자 하였다. 1강에서 12강까지는 세상에 대한 인식을 주된 주제로 삼았고 13강부터 마지막 강까지는 출생과 의례, 학문과 교육 등 사람이 성장하며 사회와 관계 맺는 행위 등을 중심으로 살펴보았다.

각 강은 주제를 간단히 살핀 후 그와 관련된 한자어를 부수 별로 뽑아 각 글자와 어휘, 고사성어 중심으로 구성하였고 연습 문제를 두기도 하였다. 본 강과 관련하여 학생들에게 생각할 거리를 주어 수업에 적극적으로 참여할 수 있도록 하였다. 후반부에는 한문 단문 몇 편을 수록하여 문장 독해 연습을 할 기회도 제공하였다. 한자어는 도형성이 강한 문자로 쓰면서 익히는 것이 효과적이다. 이에 단어 쓰기 연습을 할 수 있도록 워크북을 별도로 만들었다.

이 책은 어휘 중심의 한자어와 일상생활에 자주 쓰이는 생활 한자에 대한 교육을 원하는 학생들의 실질적 요구를 수용하여 어휘 중심으로 엮어졌다. 하지만 어휘를 중심으로 살피되 한자 문화권의 정신세계와 문화를 맛볼 수 있도록 안배하였다. 한자의 습득이라는 실질적이고 직접적인 목적 외에 한자와 한문을 통해 생각하는 힘을 기를 수 있기를 바란다.

2019년 2월

황수연

차례

I

한자의 이해

1. 한자의 기원

한자는 紀元前 3천년 경 新石器 시대에 이미 고안되어 사용되었다. 한자의 기원에 대해서는 여러 가지 의견이 있다. 우선 B.C. 2700년 경에 黃帝의 史官이었던 倉頡이 새나 짐승의 발자국을 보고, 이를 분류하면 서로 다른 것끼리 구별할 수 있음을 알고 처음 글자를 만들었다고 하는 창힐제자설이 있다. 이는 전국시대(B.C. 457~B.C. 221)에 전설로 자리 잡았다. 또한 끈으로 매듭을 지어 의사표시를 한 데서 문자가 발생했다는 '結繩文字說(결승문자설)', 三皇의 한 사람으로 인류에게 어렵, 농경, 목축을 가르쳤다는 伏羲氏가 8가지 자연 물상을 대표하는 팔괘를 만들었다고 하는데, 이것이 고문자라 주장하는 '八卦說(팔괘설)', 복희씨가 왕이 되자 黃河에서 나온 龍馬가 그림을 바쳤고, 禹임금이 治水事業을 하자 洛水에서 나온 거북이 글을 바쳤는데, 이것이 한자의 기원이라 주장하는 '河圖洛書說(하도낙서설)' 등이 있다. 그러나 이는 모두 가설이며 우리가 눈으로 확인할 수 있는 최초의 한자는 갑골문이다.

1) 甲骨文(갑골문)

甲骨文은 중국 商(B.C. 16세기~B.C. 11세기)나라 시기에 쓰인 글자이다. 상나라는 후기에 임금 盤庚이 도읍을 奄에서 殷으로 옮긴 데서 은나라라 일컫기도 한다. 상나라의 왕들은 제사, 정벌, 전렵, 농사 등의 일에 占卜으로 신의 뜻을 물어보았다. 점복에 사용된 것은 주로 거북의 배 껍데기(胛骨)와 소의 어깨뼈(牛肩胛)였다. 점이 끝나면 점친 글귀를 龜甲이나 獸骨에 새겨두었는데 갑골에 새겨진 글을 '刻辭'라 하며 그 문자가 바로 갑골문이다. 이러한 갑골은 1899년에 河南省 安陽縣 小屯村에서 처음 발견되었는데, 이 지역 일대가 상나라의 도읍지였다. 1928년 이후 다시 몇 번의 발굴을 통해 무려 10만 조각 이상의 갑골을 발견했다. 이 가운데 현재 알아낸 글자의 수는 5천 자며, 판독이 가능한 것은 약 2천여 자에 달한다.

2) 金文(금문)

금문은 商, 西周, 春秋戰國時代의 鐘과 鼎 등 青銅器에 새긴 글자에 대한 총칭이다. 따라서 금문은 '鐘鼎文'이라고도 한다. 이것은 갑골문과 비슷하지만 필획에 있어 다소 변화된 양상을 띠고 있다. 금문의 시대적 하한선은 진나라가 戰國時代 六國을 멸망시킨 때까지로 본다. 즉, 금문이 성행했던 시기는 진나라에서 중국 문자를 小篆으로 통일하기까지 약 1,200년(B.C. 15세기~B.C. 3세기)간이다.

갑골문 : 은허 박물관 유물

금문 : 대우정(大盂鼎) 일부

2. 한자의 변천

춘추 말 전국 초에 이르러 竹簡과 비단이 사용되어 붓으로 글자를 쓰는 것이 가능해졌고, 문자의 사용이 증가했다. 이때 여러 나라의 문자들은 각각 지방적 특색을 지녀 형태에 많은 차이가 있었다.

1) 篆書(전서)

篆書에는 大篆과 이를 간략하게 만든 小篆이 포함된다. 대전은 周나라 宣王 때 太史였던 史籒라는 사람이 이전의 고문자를 정리한 서체로서 '籒文', '籒書'라고도 한다. 소전은 진나라가 전국시대를 통일하자 丞相 李斯가 문자의 통일을 주장하고 실행에 옮긴 결과물로 만들어진 문자로 '秦篆'이라고도 한다. 소전은 대전보다 형체가 간단하고 구조도 금문보다 가지런하며, 쓰는 방법도 일정한 규범을 지니게 되었고, 체계화되어 漢代까지 쓰였다. 후대에 전서라 부르는 것은 일반적으로 소전을 지칭하는데, 許愼의 『說文解字』에 9353자가 전한다.

2) 隷書(예서)

예서는 전서에서 점차 발전되어 이루어진 것인데, 진나라 때 이미 전서와 비슷한 예서가 나오기 시작해 민간에서 사용되고 있었다. 예서가 진서와 다른 점은 필획의 간략화, 구조적 변모, 전서의 굽은 필획을 곧거나 네모지게 바꾼 점 등이다. 예서를 기점으로 한자는 圖畵적 성격을 완전히 벗고 쓰기 편한 부호로 발전하게 되었지만, 한자의 가장 큰 특성인 象形性을 파괴했다는 결점도 안고 있다.

3) 楷書(해서)

'楷'는 '본보기', '모범'이라는 뜻이다. 따라서 해서는 원래 모범이 되는 글자, 법도가 있는 글자라는 뜻이었고, 어떤 글자체의 고유명사는 아니었다. 魏晉 시대에는 예서를

'楷法'이라 부르기도 했기 때문에 行書에서 벗어나 해서의 창시자로 불리는 鍾繇(151~230)의 글씨도 당시에는 해서라 불리지 못했다. 해서는 南北朝 시대에서 唐代까지 '正書'.'眞書' 등으로 불리기도 했는데 이는 행서와 초서에 대한 상대적 명칭이다. 唐代에 이르러서야 해서라는 명칭이 글씨체를 의미하기 시작했고, 宋代에 이르러 확실한 고유명사가 되었다. 한자는 해서 이후로 글씨체에 있어 별다른 변화가 없이 통상적인 자체로 쓰이게 되었다.

4) 行書(행서)

한나라 말기에 나온 서체로, 해서·예서에서 간략하게 변한 서체이다.

5) 草書(초서)

漢代에 예서가 자리를 잡아갈 무렵 등장한 서체로, 예서를 날려 쓴 것이다.

3. 한자의 제자 원리 : 六書의 이해

1) 단체자(文)

一. 象形(상형) : 사물의 모양을 본떠 만든 글자. 예) 日, 月, 口, 耳, 手, 仁 등

二. 指事(지사) : 추상적인 개념을 기호로 나타낸 글자. 예) 三, 上, 下, 本 등

2) 복합자(字) : 두 개 이상의 상형자나 지사자를 합하여 만드는 방법(文+文→字) 전체 한자 가운데 85% 이상이 여기에 해당함.

三. 會意(회의) : 두 개 이상의 의미가 합쳐져 새로운 의미를 창출.

예) 林, 森, 信, 休, 明 등

四. 形聲(형성) : 의미를 나타내는 뜻 부호와 글자의 발음을 정해주는 소리부호를 합하여 만듦.

① 한자의 대다수를 차지하는 구성방법.

② 형성의 음부는 표음문자처럼 의미와는 무관하게 음만을 나타내는 기호로 쓰인다.

③ 문명의 발전과 더불어 새로운 글자를 만들 필요성이 있을 때 가장 생산적임.

④ 만들고자 하는 글자의 의미 범주에 들어가는 文을 意味符로 세우고 같은 음을 가지는 文을 音符로 세움. 즉 표의문자가 가지는 제한성과 경직성을 벗어날 수 있음.

⑤ 예 : 淸, 指, 江, 河 등

3) 한자의 운용

五. 轉注(전주) : 바꾸어 注를 단다는 뜻으로, 기존에 있던 글자의 의미가 轉化하여 다른 의미로 사용되는 것. 예) 老·考·惡·樂 등

六. 假借(가차) : 본래 특정 대상에 해당하는 글자가 없었는데 필요에 의해 소리에 의거해서 사물을 기탁하는 글자. 예) 佛蘭西, 伊太利, 亞細亞 , 因特網 등

4. 한자의 部首

현재 한자 부수는 총 214개이며 획수에 따라 1획부터 17획까지 나누어져 있다. 부수는 자전에서 한자를 찾을 때 기본이 되는 글자이다. 부수는 대부분 그 한자의 뜻과 밀접한 관계가 있는데 형성자의 경우 대부분 뜻 부분이 부수이고, 회의자의 경우에는 뜻이 더 강한 쪽이 부수이다. 예를 들어 '문을 열다'는 뜻의 '開'는 문의 의미가 커 '門'이 부수이지만 '듣는다'는 뜻의 '聞'은 귀로 듣는다는 의미가 커 '耳'가 부수이다. 부수는 이처럼 글자의 뜻과 관련된 경우가 많지만 뜻과 관계없이 총획에만 관련된 경우도 있다. 부수는 위치에 따라 명칭이 달라진다.

(1) 변(邊) : 글자의 왼쪽에 위치한 부수이다.

人(亻), 彳, 心(忄), 手(扌), 水(氵), 示(礻), 糸 등이 이에 속한다.

(2) 방(傍) : 글자의 오른쪽에 위치한 부수이다.

刀(刂), 攴(攵), 戈, 欠, 頁 등이 이에 속한다.

(3) 머리(頭) : 글자의 위쪽에 위치한 부수이다.

亠, 冖, 宀, 艸(艹), 竹, 雨 등이 이에 속한다.

(4) 발 : 글자의 아래쪽에 위치한 부수이다.

儿, 皿, 貝, 火(灬) 등이 이에 속한다.

(5) 받침 : 글자의 왼쪽 옆에서 아래로 받쳐져서 위치한 부수이다.

廴, 辵(辶), 走 등이 이에 속한다.

(6) 엄호(广) : 글자의 왼쪽 위에서 왼쪽 아래에 위치한 부수이다.

厂, 广, 疒, 虍 등이 이에 속한다.

(7) 몸(에운 담) : 밖에서 글자를 에워싸고 있는 부수이다.

囗, 冂, 門 등이 이에 속한다.

(8) 제부수 : 글자 자체가 부수인 글자이다.

山, 水, 女, 馬, 龍 등 많은 부수자가 이에 해당한다.

1획

一	한 일
丨	뚫을 곤
丶	점 주
丿	삐침 별
乙	새 을
亅	갈고리 궐

2획

二	두 이
亠	돼지 해 머리
人	사람 인, 亻
儿	어진 사람 인
入	들 입
八	여덟 팔
冂	멀 경
冖	민갓머리
冫	이수
几	안석 궤
凵	위 터진 입 구
刀	칼 도, 刂
力	힘 력
勹	쌀 포
匕	비수 비
匚	터진 입 구
匸	터진 에운 담
十	열 십
卜	점 복
卩	병부 절, 㔾
厂	민엄호
厶	마늘 모
又	또 우

3획

口	입 구
囗	큰 입 구
土	흙 토
士	선비 사
夂	뒤져 올 치
夊	천천히 걸을 쇠
夕	저녁 석
大	큰 대
女	계집 녀
子	아들 자
宀	갓머리
寸	마디 촌
小	작을 소
尢	절름발이 왕, 尣·兀
尸	주검 시
屮	싹날 철
山	메 산
巛	개미허리, 川
工	장인 공
己	몸 기
巾	수건 건
干	방패 간
幺	작을 요
广	엄 호
廴	민책받침
廾	스물 입 발
弋	주살 익
弓	활 궁
彐	터진 가로 왈, ⺕·彑
彡	삐친 석 삼
彳	두인

4획

心	마음 심, 忄·⺗
戈	창 과
戶	지게 호
手	손 수, 扌
支	지탱할 지
攴	등글월 문, 攵
文	글월 문
斗	말 두
斤	도끼 근
方	모 방
无	없을 무, 旡
日	날 일
曰	가로 왈
月	달 월
木	나무 목
欠	하품 흠
止	그칠 지
歹	죽을 사, 歺
殳	갖은 등글월 문
毋	말 무
比	견줄 비
毛	터럭 모
氏	각시 씨
气	기운 기
水	물 수, 氵·氺
火	불 화, 灬
爪	손톱 조, 爫
父	아비 부
爻	점괘 효
爿	장수 장
片	조각 편
牙	어금니 아
牛	소 우, 牜
犬	개 견, 犭

5획

玄	검을 현
玉	구슬 옥, 王
瓜	오이 과
瓦	기와 와
甘	달 감
生	날 생
用	쓸 용
田	밭 전
疋	짝 필
疒	병 질
癶	필 발 머리
白	흰 백
皮	가죽 피
皿	그릇 명
目	눈 목
矛	창 모
矢	화살 시
石	돌 석
示	보일 시, 礻
禸	짐승 발자국 유
禾	벼 화
穴	구멍 혈
立	설 립

6획		7획				12획	
竹	대 죽	見	볼 견	非	아닐 비	黃	누를 황
米	쌀 미	角	뿔 각	**9획**		黍	기장 서
糸	실 사	言	말씀 언	面	낯 면	黑	검을 흑
缶	장군 부	谷	골 곡	革	가죽 혁	黹	바느질 치
网	그물 망 罓·⺲·罒	豆	콩 두	韋	다룸가죽 위	**13획**	
羊	양 양, ⺶	豕	돼지 시	韭	부추 구	黽	맹꽁이 맹
羽	깃 우	豸	갖은 돼지 시	音	소리 음	鼎	솥 정
老	늙을 로, 耂	貝	조개 패	頁	머리 혈	鼓	북 고
而	말 이을 이	赤	붉을 적	風	바람 풍	鼠	쥐 서
耒	쟁기 뢰	走	달릴 주	飛	날 비	**14획**	
耳	귀 이	足	발 족	食	밥 식	鼻	코 비
聿	오직 율	身	몸 신	首	머리 수	齊	가지런할 제
肉	고기 육, 月	車	수레 거	香	향기 향	**15획**	
臣	신하 신	辛	매울 신	**10획**		齒	이 치
自	스스로 자	辰	별 진	馬	말 마	**16획**	
至	이를 지	辵	책받침, 辶	骨	뼈 골	龍	용 룡
臼	절구 구	邑	고을 읍, 阝[右]	高	높을 고	龜	거북 귀
舌	혀 설	酉	닭 유	髟	터럭 발 머리	**17획**	
舛	어그러질 천	釆	분별할 변	鬥	싸울 투	龠	피리 약
舟	배 주	里	마을 리	鬯	울창주 창		
艮	괘 이름 간	**8획**		鬲	다리 굽은 솥 력		
色	빛 색	金	쇠 금	鬼	귀신 귀		
艸	풀 초, 艹	長	길 장, 镸	**11획**			
虍	범 호	門	문 문	魚	고기 어		
虫	벌레 충	阜	언덕 부, 阝[左]	鳥	새 조		
血	피 혈	隶	미칠 이	鹵	소금밭 로		
行	갈 행	隹	새 추	鹿	사슴 록		
衣	옷 의, 衤	雨	비 우	麥	보리 맥		
襾	덮을 아, 西	靑	푸를 청	麻	삼 마		

5. 한자어의 품사와 구조

1) 品詞

한자어의 기능을 중심으로 나눌 때, 품사는 '實辭'와 '虛辭'로 나눌 수 있다. '實辭'는 단어에 실재적 의미가 들어 있는 것으로 名詞, 代詞, 動詞, 形容詞, 副詞로 나뉘며 '虛辭'는 連詞, 介詞, 助詞, 歎詞가 포함되며 실재적인 의미는 없지만 문장에서 중요한 기능을 맡는다. 우리말과 차이가 있는 몇 가지 품사에 대해서 알아보기로 한다.

代詞는 우리말의 대명사와 비슷한데 명사뿐만 아니라 형용사나 부사를 대신해 사용하는 것도 모두 포함한다. 예를 들어 인칭대명사에 1인칭 대사 我·吾·余·予·己, 2인칭 대명사에 汝·子·君·若·爾 등이 있다. 지시 대명사에 其·是·此·斯 등이 있으며 의문 대명사에 何·誰·孰·安 등이 있다.

介詞는 전치사와 비슷한 기능을 하지만 앞은 물론 뒤에도 올 수 있다. 於·于·乎(처소, 시간, 비교), 自·由·與·以 (이유, 동반, 수단, 도구) 등이 이에 속한다.

助詞는 문장의 구조를 확립시키거나 문장의 語氣를 결정하기 위해 사용한다. 之·也·焉·乎 등이 이에 속하며 수식, 판단, 의문 등의 의미를 갖는다.

2) 한자어의 구조

둘 이상의 한자어가 결합할 때는 다음과 같은 구조를 갖는다.

① 主述 구조 : 주어 + 서술어

本立 : 근본이 서다.	地厚 : 땅이 두텁다.
年少 :	雪白 :
有利 :	天高馬肥:

② 述目 구조 : 서술어 + 목적어

讀書 : 책을 읽다 樂山 : 산을 좋아하다

避暑 : 好古 :

自反 : 送舊迎新 :

③ 述補 구조 : 서술어 + 보어

歸家 : 집으로 돌아가다 登山 : 산에 오르다

報國 : 在職 :

④ 修飾 구조 : 수식어 + 피수식어

秋風 : 가을 바람 青山 : 푸른 산

至高 : 지극히 높다 極甚 : 매우 심하다

力走 : 힘껏 달리다 高飛 : 높이 날다

白眉 : 甚大 :

疾走 :

⑤ 竝列 구조

明暗 : 밝고 어두움 出入 : 나가고 들어옴

富貴 : 부하고 귀함 草木 : 풀과 나무

海洋 : 큰 바다 永久 : 매우 오램

陰陽 : 忠孝 :

巨大 : 天地人 :

仁義禮智 :

6. 한문 문형의 종류

1) 평서문

也·矣·焉 등의 종결사로 문장을 끝맺는다. 때에 따라서 종결사가 생략되기도 한다.

吾不關焉.

貧與賤 是人之所惡也.

順天者存, 逆天者亡.

2) 의문문

乎·與·歟·哉·耶 등의 종결사로 문장을 끝맺는다. 특히 乎와 哉는 일반적인 의문문 뒤에 붙을 때가 많으며, 與·歟·耶 등은 선택이나 가부를 물을 때 자주 사용한다. 한편 誰·孰 등은 선택적인 의문에 쓰이며 사람을 물을 때도 쓰인다. 또 의문사 何가 쓰여 의문문을 만드는 경우도 있다.

朝三而暮四 足乎?

王而知禮 孰不知禮?

是何人也?

3) 부정문

不·非·莫·未·無 등이 문장 가운데 와서 부정문을 만든다. 不은 동사나 형용사를, 非는 명사나 명사구를 부정한다. 위의 부정사 두 개가 함께 쓰이는 이중부정문은 어떤 것을 매우 긍정하기 위한 강조 수법으로 사용한다.

無是非之心, 非人也.

吾盾之堅, 莫能陷也.

人莫不飮食也, 鮮能知味也.

4) 감탄문

哉·乎·矣 등의 감탄 종결사를 사용하거나 噫·嗟乎·嗚呼 등의 감탄사를 文頭에 두는 형식을 취한다.

大哉! 堯之爲君也.

嗚呼痛哉! 是誰之愆.

5) 피동문

사람이나 사물의 受動을 나타내는 문장형이다. 於·于·爲 등의 전치사를 써서 피동문을 만들거나 被·見·遭·當 등의 被動詞가 쓰여 피동문을 만드는 방법이 있다.

故有備則制人, 無備則制於人.

卒身爲宋國笑.

公被拘於瀋陽.

匹夫見辱, 拔劍而起.

年四十而見惡焉, 其終也已.

6) 가정문

어떤 사실에 대해서 가설적인 전제를 내세우는 문장형이다. 若·如·苟 등의 부사나 萬一, 假令, 設使 등의 숙어를 사용한다.

春若不耕, 秋無所望.

如有能信之者, 則不遠秦楚之路.

苟爲善, 後世子孫必有王者矣.

設使子爲殷室之臣, 則爲箕子乎? 爲比干乎?

不登高山, 不知天之高.

7) 양보문

종속절에서 어떤 가정의 조건을 잠시 인정하는 형식을 취하고, 주절에서 앞서 가정한 조건의 제한을 받지 않고 상반된 상황을 제시하는 문장형이다. 양보를 나타내는 접속사 '雖'와 '縱'이 많이 쓰인다.

雖小道, 必有可觀者焉.

且予縱不得大葬, 予死於道路乎. 『論語, 子罕』

8) 사역문

사역문은 목적어로 대개 사람과 같이 행위 주체가 될 수 있는 단어가 온다. 그래서 '목적어로 하여금 목적어 다음에 있는 행위를 하게 만든다.'라고 해석된다. 사역을 나타내는 한자는 使·令·敎·遣 등이다.

欲使人人易習.

賢婦令夫貴.

不敎胡馬度陰山.

遣從者懷璧間行先歸.

7. 한자 쓰기 순서와 방법

한자는 다른 글자에 비해 사람들의 인상에 오래 남는 특징이 있다고 한다. 강한 식별력을 지닌 도형성 때문이다. 한자는 한 글자에 음, 뜻, 형태의 세 가지 요소를 가지고 있다. '東西南北'을 한자로 칠판에 적은 후 지우고 써보라고 하면 정확하게 쓰는 사람도 있고 그렇지 못한 사람도 있다. 그런데 한글로 '동서남북'이라고 쓴 후 지우면 모든 사람이 쉽게 쓸 수 있다. 이 둘의 차이는 무엇인가? 어떤 언어든 읽고 쓸 줄 알면 완벽히 안다고 할 수 있다. 현재 한자를 쓰는 일은 많지 않지만 쓰면서 익히면 오래 기억할 수 있는 장점이 있다. 한자를 쓸 때는 필순의 원칙에 따라 써야 하며 총획도 중요하다.

1) 한자 필순의 원칙

1. 위에서 아래로 쓴다. 三, 家, 花
2. 왼쪽에서 오른쪽으로 쓴다. 信, 州, 情
3. 가로획과 세로획이 교차될 때 가로 획 먼저 쓴다. 十, 春
4. 좌우 대칭일 때 가운데, 좌, 우순으로 쓴다. 小 , 水, 樂
   (예외) 火, 忙
5. 몸과 안쪽이 있을 때, 몸쪽 먼저 쓴다. 因, 同, 司
   오른쪽이 터진 경우는 다르다. 臣, 匹, 區
6. 상하로 꿰뚫는 세로획은 마지막에 쓴다. 中, 事, 車
7. 좌우로 꿰뚫는 가로획은 마지막에 쓴다. 女, 毋
8. 오른쪽 위에 점은 마지막에 쓴다. 犬, 代, 成
9. 책받침 부수류는 나중에 쓴다. 建, 退, 直
10. 주의해야 할 글자
    臣, 必 , 成, 世, 亞, 及, 延, 卑, 美, 表, 裏, 熙, 變 등

Ⅱ
한자 학습

제1강

세상의 시작

1. 하늘과 땅이 열리다(天地開闢)

서양에 천지창조 신화가 있다면 동양에는 천지개벽 신화가 있다. 天地開闢(천지개벽) 이전에는 천지는 흡사 달걀 속같이 어둡고 混沌(혼돈)하였는데 반고(盤古)가 그중에 살고 있었다. 一萬 八千 年이 지나 천지가 개벽하여 양청(陽淸)한 것은 하늘이 되고 음탁(陰濁) 한 것은 땅이 되었다. 반고는 그 가운데에 있으면서 하루에 아홉 번 변하여 하늘보다 신령스러웠고 땅보다 성스러웠다. 하늘은 날마다 일 장(一丈)씩 높아지고 땅은 날마다 일 장(一丈)씩 두터워졌으며 반고는 날마다 일장(一丈)씩 자랐다. 이렇게 하여 다시 일만 팔천 년이 지나 하늘은 끝없이 높아졌고 땅은 끝없이 깊어졌으며, 반고는 끝없이 성장하였다. 천지 사이의 距離(거리)가 구만리 되던 날 반고는 쓰러지고 말았다. 이때 헐떡이던 입김은 하늘의 구름(雲)이 되고, 안간힘 써서 지른 고함은 번갯불(雷霆)이 되었다. 또 왼쪽 눈알은 해(日)로, 오른쪽 눈알은 달(月)과 별(星)로 변해버렸다. 이와 함께 몸속의 피(血))는 큰 바다(海)와 넓은 호수의 물이 되고 뼈(骨)는 산맥이 되었으며 털(毛)은 森林(삼림), 樹木(수목), 花草(화초)가 되었다. 그의 땀(汗)과 눈물(漏)은 오늘날에도 볼 수 있듯이 바로 비(雨)와 이슬(露)이다.

반고에 관한 이야기는 3세기에 오(吳)나라의 서정(徐整)이 쓴『삼오역기(三五歷記)』,
『오운력년기(五運歷年記)』와 6~7세기 양(梁)나라의 임방(任昉)이 쓴『술이기(述異記)』에 보임.

2. 관련 한자 익히기

1) 大 (큰 대)

정면을 바라보고 있는 사람이 팔과 다리를 쭉 펴서, 자신의 신체를 가장 크게 부풀린 모습 형상. 수량이 많다는 뜻을 나타내기도 하며 사람의 행동과 관련된 글자.

大	큰 대	大路	巨大
太	클 태	太陽	太平
夫	사내 부	夫婦	丈夫
天	하늘 천	天地	青天
奇	기이할 기	奇異	神奇

失	잃을/잘못하다/잘못 실	喪失	失言	過失
奔	달아날 분	狂奔	東奔西走	
奏	아뢸/연주할 주	奏請	獨奏	
契	맺을 계	契約	契員	
奪	빼앗을 탈	奪取	奪還	
奮	떨칠 분	興奮	孤軍奮鬪	

2) 土 (흙 토)

제일 하단의 지면을 뚫고 나오는 싹의 모양을 본떠 만든 글자. 땅의 성질이나 상태, 지역이나 지형과 관련 있는 글자.

土	흙 토	土俗	土地
在	있을 재	在職	現在
地	땅/입장 지	地理	易地思之
均	고를 균	均分	平均
坐	앉을 좌	對坐	坐不安席
坤	땅 곤	乾坤	坤道
埋	묻을 매	埋葬	埋立
執	잡을 집	執權	固執
培	북돋을 배	栽培	
域	지경 역	區域	域外
基	터 기	書堂	堂號
堅	굳을 견	堅固	堅持
報	갚을 보/알릴	報告	報恩

塞	변방 새/막을 색	要塞	拔本塞源	
墓	무덤 묘	墓碑	省墓	
場	마당 장	場所	白日場	
墨	먹 묵	墨畫	近墨者黑	
增	더할 증	增員	增減	
墮	떨어질 타	墮落	墮罪	
壓	누를 압	壓卷	抑壓	
壁	벽 벽	壁畫	面壁	
壞	무너질 괴	破壞	壞死	

3) 雨 (비 우)

창밖에 내리는 비의 모습을 본떠 만든 글자. 날씨와 관련한 글자.

雨	비 우	雨天	雨傘	
雲	구름 운	雲集	青雲	
零	떨어질/영 령	零落	零下	
電	전기 전	電氣	停電	
需	쓰일/구할 수	婚需	需要	
露	한데/이슬/드러내다 로	露天	雨露	露出

3. 고사성어

1) 破天荒(파천황)

천지개벽 이전의 혼돈한 상태를 깨뜨린다는 말로, 아무도 하지 않은 일을 행함을 뜻함. 『북몽쇄언(北夢瑣言)』에서 유래.

2) 塞翁之馬(새옹지마)

변방 늙은이의 말. 인생에 있어서의 吉凶禍福(길흉화복)은 항상 바뀌어 미리 헤아릴 수가 없다는 말. 『淮南子(회남자)』 人間訓(인간훈)에 나오는 이야기다. 국경 가까이 세상 돌아가는 이치를 잘 아는 노인이 살고 있었다. 하루는 그 노인의 말이 아무 까닭도 없이 도망쳐 오랑캐들이 사는 국경 너머로 들어갔다. 마을 사람들이 찾아와 동정하며 위로를 하자, 이 집 노인은 "이것이 어찌 복이 될 줄 알겠소" 하며 무덤덤했다. 그러고 나서 몇 달 지난 어느 날 도망쳤던 말이 오랑캐의 좋은 말 한 필을 데리고 돌아왔다. 이번엔 마을 사람들이 축하하자 노인은 또, "그것이 어떻게 화가 되라는 법이 없겠소" 하며 여전히 무덤덤했다. 집에 좋은 말이 많이 생기자 노인의 아들이 자주 말을 타다가 그만 말에서 떨어져 넓적다리를 다치고 말았다. 사람들은 또 몰려와서 아들이 불구가 된 데 대해 안타까워하며 위로를 했다. 그러자 노인은, "그것이 복이 될 줄 누가 알겠소" 하며 담담했다. 1년이 지나자 오랑캐들이 국경을 넘어 대규모로 침략했다. 장정들은 일제히 활을 들고 나가 적과 싸웠다. 그리하여 국경 근처의 사람들이 열에 아홉은 죽었는데 영감의 아들은 불구라서 끌려가지 않아 부자가 함께 목숨을 보전했다. '새옹지마'는 인생에 있어서의 吉凶禍福(길흉화복)은 항상 바뀌어 미리 헤아릴 수가 없다는 말이다. 利(이)가 害(해)가 되고 失(실)이 得(득)이 되는 수도 있으며 吉凶禍福(길흉화복)이 無常(무상)하다는 점을 시사하기도 한다. '塞翁馬(새옹마), 塞翁得失(새옹득실), 人間萬事 塞翁之馬(인간만사새옹지마), 塞翁禍福(새옹화복)' 등으로도 말한다.

3) 乾坤一擲(건곤일척)

하늘과 땅을 걸고 주사위를 던진다는 말로, 운을 하늘에 맡기고 최후의 승부를 건다는 뜻.

'건곤일척'은 중국 당나라 때 문필가 한유(韓愈)가 홍구(鴻溝)를 지나다가 읊은 '과홍구(過鴻溝)'라는 시에 나온다. 홍구는 초나라 항우(項羽)와 한나라 유방(劉邦)이 천하를 양분하고 잠시 싸움을 멈춘 지역이다. 유방이 휴전 협약을 하고 군사를 거두려고 할 때 부하인 장량(張良)과 진평(陳平)이 "이때야말로 항우를 칠 절호의 기회"라며 공격할 것을 간했고, 이에 유방은 말머리를 돌려 공격을 감행하여 항우 군대를 무너뜨리고 천하를 거머쥐게 되었다. 이때의 모습을 훗날 당나라의 문인 한유가 다음과 같이 시로 읊었다.

용은 지치고 범도 고달파 강과 들을 나누니 많은 백성의 목숨 보존하게 되었네. 누가 임금에게 말머리를 돌려 참으로 하늘땅을 걸고 한 번 주사위 던지게 만들었던가.
(龍疲虎困割川原　億萬蒼生性命存　誰勸君王回馬首　眞成一擲賭乾坤)

✔ 연습문제

항우과 유방이 패권을 다투었던 시기를 배경으로 한 고사성어에 대해 더 알아보자.

乞骸骨(걸해골)　　捲土重來(권토중래)
多多益善(다다익선)　　四面楚歌(사면초가)
力拔山氣蓋世(역발산기개세)

천문

1. 후예(后羿)와 항아(姮娥)의 이야기

후예는 항아의 남편인데 활쏘기의 명수였다. 당시 태양의 신 희화(羲和)에게는 10명의 아들이 있었다. 그들은 동쪽 바다 밖 탕곡의 큰 나무인 부상(扶桑)에 살면서 하루씩 번갈아 가며 태양을 관리하였다. 희화는 그날의 일을 맡은 아들인 태양을 늘 수레에 태워 바래다 주었는데, 매일 아침마다 수레에 오르기 전에 '태양들을 데리고 감연에서 깨끗하게 목욕시켰다(方日浴于甘淵)'고 한다. 그런데 어느 날 10명의 아들이 동시에 하늘에 떠오르자 지상은 농사를 지을 수 없을 정도로 황폐해졌고, 사람들은 더워서 살 수 없을 지경에 이르렀다. 이에 희화가 후예에게 10개의 화살을 주어 태양을 쏘게 하였다. 명사수인 후예는 명령에 따라 하나씩 태양을 쏘아 떨어뜨렸는데 10발을 모두 쏘면 태양이 없어질 것을 걱정한 희화가 그 중에 화살 하나를 숨겨 두어 한 개의 태양만 남게 되었다.

비록 자신이 시킨 일이었지만 자신의 아홉 아들이 죽은 것에 대해 화가 난 희화는 후예를 괘씸하게 여겨 그의 아내 항아와 함께 지상으로 귀양을 보냈다. 신의 자격을 빼앗긴 후예는 서왕모(西王母)를 찾아가 한 알을 먹으면 죽지 않고, 두 알을 먹으면 하늘에 오를 수 있다는 불사약을 구해왔다. 약을 얻어 온 후 후예가 잠깐 잠이 든 사이 항아는 두 알의 약을 혼자 삼켜 버리고 말았다. 남편을 배신하고 하늘에 오른 항아는 두꺼비로 변해 月宮(월궁)에 갇히는 신세가 되었다.

后羿射日(후예사일)

2. 관련 한자 익히기

1) 日 (날 일)

태양의 모습을 본떠 만들어진 글자. 시간의 흐름이나 태양이 뜨고 짐에 따라 발생하는 여러 현상들을 의미로 하는 부수.

日	날 일	日暮	來日
旦	아침 단	元旦	明旦
星	별 성	星辰	曉星

旬	열흘 순	初旬	三旬九食	
旱	가물 한	旱害	旱魃	
昌	창성할 창	昌盛	繁昌	
易	바꿀 역/쉬울 이	交易	難易度	
明	밝을 명	明白	分明	
昏	어두울 혼	黃昏	昏迷	
昭	밝을 소	昭明	昭詳	
晨	새벽 신	昏定晨省		
普	넓을 보	普及	普遍	
智	슬기 지	智慧	智識	
暑	더위 서	酷暑	避暑	
暮	저녁 모	歲暮	日暮途遠	
暴	갑자기/사나울 폭(포)	暴騰	亂暴	
		暴暑	暴虐	暴力
		暴君	暴惡	

◆ 天無二日 : 하늘에 두 개의 해는 없다는 뜻으로, 한 나라에 통치자(왕)는 오직 한 사람뿐임을 이르는 말.

◆ 三足烏 : 고대 신화에 나오는, 태양 안에서 산다는 세 발 달린 상상의 까마귀. 태양을 말함. 금오(金烏)·준오(踆烏)라고도 한다.

○ 날짜를 나타내는 표현

1일 : 朔日	15일 : 望日
16일 : 旣望日	20일 : 稔日
末日 : 晦日	今日
來日 / 明日 / 翌日	昨日

2) 月 (달 월)

조각달 모양을 본떠 만든 글자. 달이나 시간과 연관된 뜻.

月	달 월	月給	吟風弄月		
朋	벗 붕	朋友	朋黨		
朔	초하루/북녘 삭	朔望	朔風		
望	바랄 망	所望	旣望		
服	옷/일/약의 분량/좇다 복	校服	服務	服用	服從
朝	아침 조	朝夕	早朝		
朗	밝을 랑	朗報	明朗		
期	기약할 기	期待	婚期		

3. 고사성어

1) 朝三暮四(조삼모사)

아침에 세 개, 저녁에 네 개라는 뜻. 곧 ① 당장 눈앞의 차별만을 알고 그 결과가 같음을 모름의 비유. ② 간사한 잔꾀로 남을 속여 농락함을 이르는 말.

『列子』에 나오는 이야기이다. 宋(송)나라에 狙公(저공)이라는 사람이 있었다. 狙(저)란 원숭이를 뜻한다. 저공은 많은 원숭이를 기르고 있었는데 그는 가족의 양식까지 덜어다 먹일 정도로 원숭이를 좋아했다. 그래서 원숭이들은 저공을 따랐고 저공의 마음까지 알았다고 한다. 그런데 워낙 많은 원숭이를 기르다 보니 먹이를 대는 일이 날로 어려워졌다. 그래서 저공은 원숭이에게 나누어 줄 먹이를 줄이기로 했다. 그러나 먹이를 줄이면 원숭이들이 자기를 싫어할 것 같아 그는 우선 원숭이들에게 이렇게 말했다. "너희들에게 나누어 주는 도토리를 앞으로는 '아침에 세 개, 저녁에 네 개(朝三暮四)씩 줄 생각인데 만족하느냐?" 그러자 원숭이들은 하나같이 화를 냈다. 잠시 생각을 한 후 저공은 "그럼, 아침에 네 개, 저녁에 세 개(朝四暮三)씩 주면 만족하겠느냐?"라고 하자 원숭이들은 모두 엎어져서 기뻐했다고 한다.

열자에서는 이 이야기를 소개한 후 "똑똑한 사람이 어리석은 사람을 농락하는 것이 다 이와 같다."라고 하였다.

✔ 연습문제

‘아침(朝)에 ~하고 저녁(暮, 夕)에 ~한다’는 고사성어에 대해 더 알아보자.

朝令暮改

朝變夕改

朝聞夕死

朝東暮西

朝得暮失

제3강

자연

1.

山·江·바다·나무 등 자연물을 대하는 선인들은 외형 그대로의 아름다움을 즐길 뿐만 아니라 자연이 갖고 있는 의미와 친화를 중시했다. 공자는 "지혜로운 사람은 물을 좋아하고 어진 사람은 산을 좋아한다. 지혜로운 자는 동적이고 어진 자는 정적이며, 지혜로운 자는 낙천적이고 어진 자는 오래 산다."라고 하였다. 이 말은 지혜로운 자와 어진 자, 물과 산의 본질을 꿰뚫은 명언으로 알려져 있다.

가장 좋은 것이 물이라는 '上善若水(상선약수)'는 만물을 이롭게 하면서도 뽐내거나 다투지 않는 물이 선의 으뜸이자 표본이라 생각한 노자의 자연에 대한 생각을 담고 있다. 맹자는 '浩然之氣'를 길러야 한다고 하였는데 호연지기는 자연에 깃든 넓고 큰 기운으로 사람이 살아가면서 필요한 도덕적 용기와 담대함, 의로움의 근원을 말한다. 오늘날에도 일에 지쳐 재충전이 필요할 때 자연으로 돌아가 마음을 비우고 새로운 기운을 얻는 사람들이 많다. 힐링의 개념은 자연 친화적인 선인들의 태도에서 비롯되었다고 해도 과언이 아닐 것이다.

2. 관련 한자 익히기

1) 水 (물 수)

흐르는 물을 본떠 만든 글자. 물길의 종류, 물의 상태나 성질, 물의 흐림이나 이에 따른 인간의 활동과 관련한 뜻.

永	길 영	永遠	永眠
求	구할 구	求職	求愛
汚	더러울 오	汚染	汚辱
汗	땀 한	不汗黨	汗蒸幕
油	기름 유	注油	石油
決	결단할 결	決裁	決定
泊	머무를 박	宿泊	外泊
泣	울 읍	泣訴	感泣
法	법 법	憲法	遵法
泉	샘 천	九泉	溫泉
泰	클 태	泰山	泰然
洗	씻을 세	洗手	洗腦
活	살 활	活力	生活
滿	찰 만	充滿	未滿
浴	목욕할 욕	沐浴	浴室
涉	건널 섭	涉外	交涉
消	사라질 소	取消	消滅
淨	깨끗할 정	淨化	淸淨
淺	얕을 천	淺見	深淺

淡	맑을 담	淡白	淡淡	
漏	샐 루	漏電	漏泄	
濟	건널 제	救濟	經濟	
濫	넘칠 람	濫用	濫觴	
沒	빠질 몰	沒頭	沈沒	
		沒常識	沒人情	沒知覺
		沒收	汨沒	

2) 山 (메 산)

산의 모양을 본떠 만든 글자. 산의 일부분이나 산의 형태와 관련된 뜻.

岳	큰산 악	冠岳山	岳父
峰	봉우리 봉	高峰	主峰
島	섬 도	島嶼	半島
崇	높일 숭	崇儒	崇尙
崩	무너질 붕	崩壞	崩御
嶺	고개 령	嶺東	大關嶺
巖	바위 암	巖石	奇巖

3) 木 (나무 목)

서 있는 나무의 형상. 나무의 종류와 나무의 구성요소, 목재로 만든 건축물과 집기 등을 의미하는 글자.

木	나무 목	樹木	草木	
未	아닐 미	未聞	未生	
末	끝 말	末日	始末	
村	마을 촌	村落	農村	
材	재목 재	人材	材木	
束	묶을 속	約束	束縛	
杯	잔 배	祝杯	乾杯	
析	쪼갤 석	分析	解析	
査	조사할/사돈 사	照査	査頓	
果	열매/결과 과	果實	因果	
柔	부드러울 유	柔順	外柔內剛	
格	품격 격	格式	人格	
案	책상/안건 안	書案	案件	
栽	심을 재	栽培	盆栽	
棄	버릴 기	抛棄	棄兒	
極	다할/매우 극	至極	極甚	
業	업 업	業務	職業	
榮	영화 영	榮華	榮辱	
樂	즐거울 락/악/요	樂園	音樂	樂山
橫	가로 횡	縱橫	橫斷	
檢	조사할 검	檢査	檢討	
權	권세 권	權力	人權	

3. 고사성어

1) 泣斬馬謖(읍참마속)

눈물을 머금고 마속의 목을 벤다는 말로, 공정한 법을 집행하기 위해 사사로운 감정을 버림을 뜻함. 『삼국지(三國志)』에서 유래.

2) 沐猴而冠(목후이관)

원숭이를 목욕시켜 관을 씌우다는 뜻으로, 의관은 그럴 듯하지만 생각과 행동이 사람답지 못하다는 말.

3) 橫說竪說(횡설수설)

많은 지식을 가지고 여러 방향으로 설명을 하여 남을 깨우쳐주는 말을 횡설수설이라고 한다. 『장자』「서무귀」 편에 나온다. 위문후의 신하 여신은 여러 번 진언했지만 칭찬을 듣지 못했다. 그러나 서무귀라는 사람은 몇 마디 나누지 않았는데 제후가 크게 웃으며 칭찬했다. 나중에 여신이 서무귀에게 물었다.

"내가 제후에게 횡(橫)으로는 유가의 경전을, 종(從)으로는 병가의 병설을 인용하여 종횡으로 말했지만 한 번도 웃질 않았소. 당신은 어떻게 말했길래 우리 주공이 단박에 웃으시는가?" 이 대화에서 횡설종설(橫說從說)이 나오고, 나중에 횡설수설(橫說竪說)로 바뀌었다고 한다. 종(從)이 세로란 의미로 쓰였기 때문에 수(竪)로 바뀐 듯하다.

횡설수설은 원래 논리적으로 말을 하는 것을 의미했다. 하지만 지금은 논리 없이 지껄이는 것을 의미한다.

4) **君子三樂(군자삼락)**

군자의 세 가지 즐거움. 첫째, 부모가 모두 살아계시고 형제에게 아무 사고가 없는 것. 둘째, 하늘을 우러러 부끄러움이 없고 사람을 보아 부끄러움이 없는 것. 셋째, 천하의 영재를 만나 그를 가르치는 것을 말한다.

✔ 연습문제

산(山)이나 물(水)에 대한 선인들의 생각을 알아보자.

제4강

인간의 탄생

1. 인간을 만든 女媧

세상에 신들만 있고, 인간은 없었던 시대가 있었다. 여와(女媧)는 지혜를 가진 인간을 만들기로 마음먹었다. 그녀는 우선 진흙으로 정성껏 인형을 빚어 생명을 불어넣었다. 여와는 이 작업을 끊임없이 되풀이하여 많은 인간들을 창조했다. 하지만 여와가 잠시 쉬면서 세상을 둘러보니 넓은 세상 천지에 인간의 모습은 거의 보이지 않았다.

그래서 여와는 이렇게 해서는 안 되겠다고 생각하고 다른 방법을 강구했다. 진흙 속에 끈을 끼운 다음 계속 흔들었다. 그러자 끈에서 진흙이 사방으로 흩어지며 땅에 떨어져 많은 인간들이 태어났다. 이렇게 해서 대지는 수많은 인간들로 채워지게 되었다.

한 가지 덧붙이자면, 최초에 공을 들여 정성껏 만들었던 인간은 착하고 부자가 된 반면, 진흙 속에 끈을 끼워 만든 인간들은 나쁘고 궁핍한 인간이 되었다고 한다. 인간의 능력에 차이가 나는 원인이 바로 여기에 있다고 신화에서는 전하고 있다.

세상에 인간이 태어난 후 축융(祝融)과 공공(工共)이라는 신이 천하의 패권을 놓고 격렬한 싸움을 벌였다. 축융의 힘이 더 강했기 때문에 공공은 악전고투를 벌이다 하늘을 지탱하고 있던 불주산(不周山) 꼭대기에 부딪쳐 죽고 말았다. 이로 인해 하늘의 기둥이 무너져 그 틈으로 하늘의 물이 지상으로 쏟아졌기 때문에 대지가 기울어지는 엄청난 대재앙이 일어났다. 그래서 인류는 멸망당할 위기를 맞게 되었다.

자신이 만든 인간이 차례로 죽어가는 모습을 본 여와는 곧바로 인간을 구하기 위해 나섰다. 우선 오색빛이 나는 돌로 갈라진 하늘의 틈을 메웠다. 그 다음에는 거대한 거북이를 죽인 후 네 개의 다리를 잘라 대지의 네 곳을 지탱하게 했다. 이렇게 수리 조치를 취하자 대재앙도 잦아들어 인류는 절명의 위기에서 벗어날 수 있었다. 그럼에도 대지가 기울어진 것만큼은 원래대로 고칠 수가 없었다. 중국 대륙이 서쪽이 높고 동쪽이 낮은 것은 이런 이유 때문이라고 한다.

복희여와도(국립중앙박물관 소장)

복희여와도는 전한 석실묘 화상석에 나타나는 중국적 모티브이지만 중앙아시아나 서아시아에도 나타난다. 오른쪽의 남신 복희는 왼손에 측량을 위한 곡척(曲尺)을 들고 있고 왼쪽의 여와는 오른손으로 컴퍼스 또는 가위를 들고 있다. 둘은 어깨를 껴안고 하나의 치마를 입고 있으며 하반신은 서로 몸을 꼬고 있는 뱀의 모습을 하고 있다. 이를 통하여 세상의 조화와 만물의 생성을 표현하고 있다.

2. 관련 한자 익히기

1) 人 (사람 인)

서 있는 사람의 옆모양을 본떠 만든 글자. 사람의 형체나 행동, 정신 상태나 성품 등의 뜻을 지님.

介	낄 개	介入	仲介
今	이제 금	昨今	古今
令	명령할 령	命令	禁令
企	꾀할 기	企劃	企業
余	나 여	余輩	
付	줄 부	送付	付託
仕	섬길 사	奉仕	仕宦
仙	신선 선	詩仙	仙界
件	물건 건	事件	用件
但	다만 단	但只	非但
伐	칠 벌	伐木	征伐
伏	엎드릴 복	伏兵	伏地
任	맡길 임	任務	擔任
休	쉴 휴	連休	休息
似	닮을 사	似而非	近似
住	거주할 주	住所	住宅
使	시킬 사	使臣	天使
侍	모실 시	侍從	侍女
仰	우러를 앙	信仰	崇仰

仲	버금 중	仲秋	伯仲之勢
伸	펼 신	伸長	伸寃
佐	도울 좌	補佐	
侮	업신여길 모	侮辱	侮蔑
保	보호할 보	保險	保存
俊	준걸 준	俊秀	俊才
促	재촉할 촉	促進	販促
依	의지할 의	依存	歸依
俗	풍속 속	世俗	俗談
倉	곳집 창	倉庫	倉卒
便	편할 편/똥 변	便利	便意
倫	인륜 륜	倫理	不倫
借	빌릴 차	借用	賃借
値	값 치	價値	數値
偶	짝 우	配偶者	偶然
備	갖출 비	具備	防備
傾	기울 경	左傾	傾向
傷	다칠 상	傷處	傷心
債	빚 채	債務	外債
候	물을/기후 후	氣候	候補
催	재촉할 /열 최	催眠	主催
僞	거짓 위	僞善	眞僞
儒	선비 유	儒敎	崇儒
儉	검소할 검	儉素	勤儉

償	갚을 상	報償	辨償
優	넉넉할 우	優劣	優勝

2) 女 (계집 녀)

두 손을 포개어 무릎 위에 얹고, 다소곳이 앉아있는 여인의 행상을 본뜬 글자. 여자와 관련된 명칭, 여자의 모양과 역할, 또는 여자를 비하하는 뜻.

女	계집 녀	男女	長女
好	좋을 호	好惡	良好
妄	망녕될 망	老妄	妄發
妙	묘할 묘	妙味	妙齡
妥	온당할 타	妥當	妥協
姑	시어미 고	姑婦	姑母
姉	누이 자	姉妹	伯姉
始	비로소 시	始作	始終
妻	아내 처	妻妾	妻子
姦	간통할/간사할 간	姦通	姦臣
姻	혼인 인	婚姻	姻戚
委	맡길 위	委任	委員

3) 子 (아들 자)

머리가 큰 아이들의 특징을 염두에 두고 만든 글자. 아이의 상태나 행동과 관련된 뜻.

子	아들 자	母子	子息
字	글자 자	文字	活字
存	있을 존	存廢	保存
孟	맏 맹	孟夏	孟冬
孤	외로울 고	孤獨	鰥寡孤獨
季	철 계/끝	季節	季子
孫	손자 손	祖孫	孫婦
學	배울 학	學問	篤學
孝	효도 효	孝誠	忠孝
孔	클, 구멍 공	孔子	毛孔
孰	누구 숙	誰怨孰尤	

◆ 雪裏求筍 孟宗之孝, 剖冰得鯉 王祥之孝.

3. 고사성어

1) 反哺報恩(반포보은)

먹을 것을 돌려 드림으로써 은혜에 보답하다. 효도하는 것을 말한다. 反哺鳥, 反哺之孝

2) 風樹之嘆(풍수지탄)

부모님께 효도하고자 하나 이미 돌아가셔서 할 수 없음을 탄식함.

3) 補天(보천)

'鍊石補天'의 준말. 돌을 다루어 무너진 하늘을 수리한다는 뜻으로 큰 공적을 세움을 이름.

충열사 충무공 이순신 사당 현판

4) 破鏡(파경)

남조의 마지막 왕인 朝陣이 멸망할 무렵 시종을 지낸 서덕언(徐德言)이라는 사람이 있었다. 그의 아내는 임금의 누이였던 악창공주(樂昌公主)였는데, 이들 부부는 금실이 좋았다. 서덕언은 수나라 군대가 양자강 까지 쳐들어오자 도망가기로 결심하고 그의 아내를 불러 이렇게 말했다.

"이제 모든 것은 끝났소. 당신은 재주와 미모가 빼어나기 때문에 적군에게 끌려가 귀족의 집으로 보내질 것이 틀림없소. 우리는 더 이상 함께 있을 수 없소. 그러나 하늘에 맹세코 다시 만날 수 있을 것이오."

그리고는 손거울을 반으로 쪼개 한쪽은 자기가 갖고, 나머지 한쪽은 아내에게 건네주며 또 말했다.

"이것을 잘 지니고 있다가 정월 보름날이 되면 시장에서 파시오. 만일 내가 그때까지 살아 있다면 반드시 당신을 찾을 것이오."

이렇게 하여 부부는 눈물을 흘리며 이별을 하였다. 서덕언의 아내는 서덕언이 예상했던 대로 수나라의 건국공신인 양소(楊素)의 집으로 보내졌다.

서덕언은 몸을 피해 이곳 저곳을 떠돌다가 정월 보름이 되자 장안의 시장으로 나갔다. 장안 이곳 저곳을 기웃거리며 다니다가 어떤 이가 예전에 아내에게 주었던 거울을 팔고 있는 것을 발견하게 되었다. 그는 그쪽으로 가서 자기가 갖고 있던 거울과 맞춰 보니, 꼭 맞았다. 그는 반쪽 거울을 보는 순간 아내의 얼굴이 아른거려 괴로워하며 거울 뒷면에 이런 시를 적어 돌려보냈다.

거울은 사람과 함께 갔건만, 거울만 돌아오고 사람은 돌아오지 않네.
항아의 그림자는 없고, 달빛만 헛되이 머물러 있네.
(鏡與人俱去 鏡歸人不歸 無復姮娥影 空留明月輝)

이 시가 적힌 거울을 받아 본 아내는 그 이후부터 식음을 전폐하고 남편 서덕언만을 그리워했다. 이 사실을 알게 된 양소는 이 부부의 사랑에 감동하여 아내를 서덕언에게 다시 돌려보냈다. 파경은 破鏡重圓의 준말이다. 본래 의미는 헤어졌던 부부가 다시 합쳐지는 것을 의미했는데, 앞의 두 글자만 따서 부부가 갈라서게 되는 것을 가리키게 되었다.

5) 有備無患(유비무환)

준비가 있으면 걱정이 없다. "편안한데 거처하면서도 위태로움을 생각한다. 생각하면 준비하게 되고 준비가 있으면 걱정이 없다.(居安思危, 思則有備, 有備無患)"에서 유래함.

우주의 원리, 음양과 오행

1. 陰陽五行說(음양오행설)

『周易』「繫辭傳」에 “한 번은 음, 한 번은 양이 되는 것을 도라고 이른다”(一陰一陽之謂道)는 말이 있다. 중국인들은 우주 삼라만상이 음과 양의 상호 작용에 의해 형성되고 작동하는 것으로 보았다. 이는 단순 대립이 아니라 항상 상호 의존 관계를 유지하면서 발전해 가는 것을 의미한다.

陰	女	地	水	柔	卑
陽	男	天	火	剛	尊

또한 다섯 개의 강력한 힘을 가진 五行이 끊임없이 순환 운동을 하여 우주 만물과 자연의 현상이 변화한다고 보았다. 오행은 火(화), 水(수), 木(목), 金(금), 土(토)이다. 火는 위로 타올라가는 기능, 水는 물체를 적시고 아래로 스며드는 기능, 木은 휘어지기도 하고 곧기도 한 기능, 金은 鑄型(주형)에 따르는 성질, 土는 씨앗을 뿌려 추수하게 만드는 기능이 있다. 秦나라 이래 우주와 사물을 다섯 가지로 나눈 뒤 四季의 순서나 방위, 신체 기관, 색깔, 냄새, 맛 등을 모두 오행에 따라 적용하고 해석하고 문화와 일상생활 전반에 많은 영향을 끼쳤다. 고구려나 백제의 고분벽화의 四神圖(青龍, 朱雀,

白虎, 玄武), 서울의 四大門(崇禮門, 興仁門, 弘智門, 敦義門)과 普信閣, 行列 등에서 오행을 확인할 수 있다.

五行	方位	色	五常	四季	五臟	五味
火	南	紅	禮	夏	心	苦
水	北	黑	智	冬	腎	鹹
木	東	青	仁	春	肝	酸
金	西	白	義	秋	肺	辛
土	中央	黃	信		脾	甘

오행 사이에 상생(相生)이나 상극(相克)의 관계가 있다. 찬 금속에 물이 맺히므로 '金生水'(金이 水를 낳는다), 나무가 자라려면 물이 필요하므로 '水生木'(水가 木을 낳는다), 나무를 태우면 불이 붙을 수 있으므로 '木生火'(木이 火를 낳는다), 불이 나면 재가 생기므로 '火生土'(火가 土를 낳는다), 흙에서 쇠를 캐내므로 '土生金'(土가 金을 낳는다)이다. 이것은 서로 도와주는 '상생'의 관계이이다.

쇠로 나무를 자를 수 있으므로 '金克木'(金이 木을 이긴다), 나무가 자라려면 흙 속의 영양분을 흡수해 뚫고 나오므로 '木克土'(木이 土를 이긴다), 흙은 물의 흐름을 막을 수 있으므로 '土克水'(土가 水를 이긴다), 물은 불을 끌 수 있으므로 '水克火'(水가 火를 이긴다), 불은 쇠를 녹일 수 있으므로 '火克金'(火가 金을 이긴다)이다. 이것은 한 성질이 다른 성질을 이기는 '상극'의 관계이다. 옛 사람들은 일체의 모든 사물을 오행을 써서 나타낼 수 있다면 사물 사이의 관계 또한 상생이나 상극으로 해석할 수 있다고 생각하였다.

2. 관련 한자 익히기

1) 阝(阜) 언덕 부(좌부방)

언덕 부는 험한 비탈에 켜켜로 지층이 쌓여 있는 형상을 본떠 만든 글자. 높은 언덕이나 높낮이가 다른 땅 때문에 일어나는 현상 등을 나타내는 뜻.

防	막을 방	防備	防疫	
附	붙을 부	附加	附錄	
降	내릴 강/항복할 항	昇降	降服	
除	덜 제	除名	除籍	
限	한계/한정한 한	限界	制限	
院	집 원	病院	院長	
陰	그늘/시간 음	陰地	陰陽	光陰
陷	빠질 함	謀陷	缺陷	
陽	볕 양	陽地	陽性	
障	막힐 장	障碍	障壁	
隣	이웃/인접한 린	隣國	隣近	
隨	따를 수	隨時	隨筆	

隆	높일 륭	隆盛	隆崇
隱	숨을/불쌍히 여길 은	隱居	惻隱

2) 阝(邑) 고을 읍(우부방)

땅을 머리에 이고 꿇어 앉아 있는 사람의 형상에서 나옴. 서로 크기가 다른 고을을 나타내는 행정단위의 이름이거나, 어떤 특정 지역을 국한해서 나타내는 이름.

邦	나라 방	邦畵	友邦
邪	사악할 사	邪惡	邪戀
部	거느릴 부	部署	部隊
郎	사내 랑	新郎	郎君
郵	역참 우	郵便	郵票
都	도읍 도	首都	古都
鄕	시골 향	故鄕	他鄕

3. 고사성어

1) 牽强附會(견강부회)

이치에 맞지 않는 말 등을 억지로 가져다 붙인다는 뜻.

2) 破邪顯正(파사현정)

그릇된 것을 깨고 바른 것을 드러냄. 불교 용어. 부처의 가르침에 어긋나는 사악한 생각을 버리고 올바른 도리를 따른다는 뜻.

4. 맹자의 四端說

○ 孟子曰, "人皆有不忍人之心[1]. 先王有不忍人之心, 斯有不忍人之政矣. 以不忍人之心, 行不忍人之政, 治天下可運於掌上. 所以謂人皆有不忍人之心者, 今人乍見孺子[2]將入於井, 皆有怵惕[3]惻隱[4]之心, 非所以內交[5]於孺子之父母也, 非所以要譽[6]於鄕黨朋友也, 非惡其聲而然也. 由是觀之, 無惻隱之心, 非人也, 無羞惡之心, 非人也, 無辭讓之心, 非人也, 無是非之心, 非仁也. 惻隱之心, 仁之端也, 羞惡[7]之心, 義之端也, 辭讓之心, 禮之端也, 是非之心, 智之端也. 人之有是四端也, 猶其有四體也. 有是四端而自謂不能者, 自賊者也, 謂其君不能者, 賊其君者也. 凡有四端於我者, 知皆擴而充之矣, 若火之始然, 泉之始達. 苟能充之, 足以保四海, 苟不充之, 不足以事父母."

(公孫丑 上)

---

1 不忍人之心(불인인지심) : 다른 사람의 불행이나 괴로움을 보고 불쌍히 여겨 참지 못하는 마음.

2 孺子(유자) : 어린아이

3 怵惕(출척) : 놀라는 모양

4 惻隱(측은) : 불쌍히 여기는 마음

5 內交(납교) : 納交. 교제를 맺다.

6 要譽(요예) : 칭찬이나 명예를 구하다.

7 羞惡(수오) : 부끄러워하고 미워함. 자기의 잘못을 부끄러워 하는 것이 羞, 다른 사람의 잘못을 미워하는 것이 惡.

✔ 연습문제

五行이 반영된 문화에 대해 알아보자.

숫자의 의미

1.

근대 이전 동양에서는 한자를 이용해서 연도, 월, 날짜, 시간 등을 표시하였는데 이를 干支(간지) 혹은 六十甲子(육십갑자)라고 한다. 干支는 天干(혹은 十干)에서 하나, 地支(혹은 十二支)에서 하나씩 뽑아 두 글자로 표기한다. 이를 순서대로 표기하면 총 60개가 된다.

天干(十干) : 甲 乙 丙 丁 戊 己 庚 辛 壬 癸
地支(十二支) : 子 丑 寅 卯 辰 巳 午 未 申 酉 戌

甲子 乙丑 丙寅 丁卯 戊辰 己巳 庚午 辛未 壬申
癸酉 甲戌 乙亥 丙子 丁丑 …… 癸亥

◆ 十二支는 띠(동물)와 시간을 표시한다.

子 : 쥐, 오후 11시 ~ 오전 1시 (三更)

丑 : 소, 오전 1시 ~ 오전 3시 (四更)

寅 : 호랑이, 오전 3시 ~ 오전 5시 (五更)

卯 : 토끼, 오전 5시 ~ 오전 7시

辰 : 용, 오전 7시 ~ 오전 9시

巳 : 뱀, 오전 9시 ~ 오전 11시

午 : 말, 오전 11시 ~ 오후 1시

未 : 양, 오후 1시 ~ 오후 3시

申 : 원숭이, 오후 3시 ~ 오후 5시

酉 : 닭, 오후 5시 ~ 오후 7시

戌 : 개, 오후 7시 ~ 오후 9시

亥 : 돼지, 오후 9시 ~ 오후 11시

2. 숫자에 담긴 의미

중국인들은 우주에 있는 일체의 모든 것에 음과 양이라는 두 가지 성질이 있다고 생각한다. 숫자에도 음양과 오행의 의미를 담았다.

1) 一

'一'은 모든 것의 시작과 유일(唯一), 존귀함, 하나가 됨 등의 의미가 있다. 가장 적은 수이지만 세상 만물의 기원을 상징하기 때문에 완전, 가득함이란 의미도 갖고 있다. '一生'은 평생을 말하며 '一瀉千里'에서 '一瀉'는 완벽하다는 의미를 갖고 있어 일이 거침없이 잘 진행됨을 뜻한다.

2) 二

二는 철학적으로 음양의 대립 관계를 표현하는 숫자이다. 노자는 '一生二'라고 했으며 상대, 대구, 화해, 동시의 의미를 갖는다. '일석이조(一石二鳥)'는 한 가지 일로 두 가지 목적을 달성할 때 쓰인다. '二姓之合(이성지합)'은 서로 다른 두 성씨의 결합이라는 의미이다.

3) 三

'三'은 중국인들이 매운 숭배하는 숫자이다. 노자는 "二가 三을 생성하고 삼은 만물을 생성한다(二生三, 三生萬物)."고 하였다. 세상에 '음'과 '양'이 있게 되면, '음'과 '양'이 변화하여 새로운 사물이 많이 생겨나도록 한다는 뜻이다. 따라서 '三'은 '多' '全' '完'의 의미를 갖고 있다. '삼황(三皇)'은 복희, 여와, 신농(神農)인데 이들은 중국인의 조상이다. '삼재(三才)'는 하늘(天), 땅(地), 사람(人)을 나타내는데 우주의 세 가지 주체이다.

4) 四

우주와 사물을 인식하는 하나의 기준으로 '四'를 이용했다. (四肢, 四方, 四季, 四刻, 四端 등) 그러나 '死'와 발음이 같다는 이유로 기피하는 숫자이기도 하다.

5) 五

'五'는 음양오행으로 대표되는 철학적인 의미를 갖고 있다. 조화로움을 나타내는 의미가 파생되어 중요한 사물을 귀납하는 데 사용되고 있다. '五官'은 五感을 일으키는 다섯 가지 중요한 기관이고, '五臟(오장)'은 간장, 심장, 비장, 폐, 신장이며, '오음(五音)'은 궁·상·각·치·우의 다섯 음률로 모두 오행의 성질을 갖고 있다.

6) 六

중국에서 秦代에 '六'을 숭상하였다. 유가의 경전을 '六藝'라 하였고, 周代에는 행정구역을 '六鄕'으로 나누고 관직을 '六吏'로 나누었다. 고대 역법에서 60년을 일주기로 삼아 '六十甲子'라 하였다. '六'이 들어간 날짜를 길일로 여겨 결혼식 등 중요한 날로 정하기도 한다.

7) 七

'七'은 東西南北上下中의 7개 방위 인식에 대한 경이로움과 관련이 있다. '칠규(七竅)'는 눈과 귀, 코의 두 구멍과 입을 합친 일곱 개의 구멍을 말한다. 칠정(七情)은 기쁨(喜), 노여움(怒), 근심(憂), 생각(思), 슬퍼함(悲), 두려움(恐), 놀라움(驚)의 일곱 가지 감정을 말하는 불교 용어이다. '七'은 喪事와 관련되기도 한다. 사후 7일, 14일, 49일은 死者를 기념하는 행사를 한다.

8) 八

‘八’자는 사물을 나눈 모양을 본뜬 것으로, 원래는 ‘分’(나눌 분)자이다. 따라서 헤어짐, 나뉨의 뜻을 갖고 있다. 그런데 ‘八’의 독음이 ‘發’과 매우 비슷하다. ‘發’에는 ‘發財’(돈을 벌다)의 뜻이 있다. 그래서 중국 사람들이 ‘八’을 좋아하게 되었다. 전화번호나 자동차 번호판에 ‘八’이 있는 것을 좋아하며 가격을 정할 때도 ‘八’을 넣어 구매욕을 자극하기도 한다. 참고로 북경올림픽이 2008년 8월 8일 저녁 8시에 개막하였다.

9) 九

‘九’는 ‘久(오랠 구)’와 동음인 이유로 ‘오래되다(長久)’ ‘恒久(영원하다)’의 의미를 연상한다. 때문에 연인과 부부 사이에서 그들의 관계가 영원히 계속되기를 바라는 마음에서 ‘九’를 행운의 숫자로 여기기도 한다. 一, 三, 五, 七, 九는 ‘양(陽)’을 나타내는데 ‘九’가 ‘양’의 숫자 중에서 제일 큰 수이다. 때문에 ‘九’는 하늘, 왕실의 권위, 제왕 등을 상징하기도 한다.

10) 十

‘十’은 완전, 원만, 길상, 최고의 의미를 갖고 있다. 중국 사람들은 ‘十’을 표준수량으로 삼는 것을 좋아한다. 십대뉴스, 십대상품, 10대 기업가 등을 선정하거나 각종 행사에서 ‘十’을 기념하기도 한다. ‘十分’은 넉넉히, 충분히, 최고 등의 뜻을 갖고 있다.

이상에서 살펴보았듯이 한자의 숫자는 비록 간단하지만 중국문화 속에서 특별한 의미를 갖고 있다. 대부분의 숫자의 문화적 의미는 음양오행설의 영향을 받아서 형성되었다.[1]

---

1 숫자의 문화적 의미에 대한 내용은 박흥수, 「한자 숫자의 문화적 의미」, 『중국학 연구』 제39집, 2007; 석정과·나위동 편, 이강재 역, 『중국문화와 한자』, 역락, 2013을 참고하였음.

3. 관련 한자 익히기

1) 牛 (소 우)

소의 머리 부분을 간단하게 형상화한 글자.

牧	기를 목	牧民官	放牧
物	만물 물	物質	名物
特	특별할 특	特有	獨特

2) 犬 (개 견)

짐승의 종류나 짐승의 성품 혹은 행동과 연관된 뜻

犯	범할 범	共犯	初犯
狀	형상 상/문서 장	現狀	委任狀
猛	사나울 맹	猛獸	勇猛
猶	오히려 유	過猶不及	
獨	홀로 독	單獨	獨居老人
獲	얻을 획	獲得	捕獲
獻	드릴 헌	獻納	獻金

3) 羊 (양 양)

양의 머리 부분을 본떠 만듦.

美	아름다울 미	審美	耽美
着	붙을 착	到着	着陸

義	옳을 의	正義	信義
群	무리 군	群衆	拔群

4) 虍 (호랑이 호)

호랑이의 모습을 본떠 만든 글자.

虎	범 호	虎患	虎視耽耽
處	곳 처	處所	處世
虛	빌 허	虛送	空虛
號	부르짖을 호	記號	雅號

5) 豕 (돼지 시)

돼지의 형상을 그린 글자.

豚	돼지 돈	養豚	家豚
象	코끼리/나타낼 상	象徵	象形
豪	호걸 호	豪氣	豪雨
豫	미리 예	豫備	豫約

6) 隹 (새 추)

몸짓이 작은 새의 몸통 부분을 그린 글자.

集	모일 집	募集	集結
雅	우아할 아	優雅	端雅
雄	수컷 웅	雌雄	雄壯

雁	기러기 안	木雁	雁行	
雙	쌍 쌍	雙璧	雙方	
雜	썩일 잡	雜念	混雜	
離	떠날 리	離別	離婚	
難	어려울 난	難解	難易度	

7) 龍 (용 용)

용의 얼굴과 뱃가죽과 몸통, 꼬리를 본떠 만든 글자.

龍	용 용	屠龍技	龍顔	

8) 龜 (거북 귀)

거북이의 모습을 단순하게 형상화해서 만든 글자.

龜	거북 귀, 구, 터질 균	龜鑑	龜浦	龜裂

4. 융합합성어

병렬구조로 이루어진 단어가 각각의 뜻을 넘어 새로운 뜻으로 쓰이는 합성어를 융합합성어라고 한다.

江山 : 강과 산 → 국토

干戈 : 방패와 창 → 전쟁

春秋 : 봄과 가을 → 해(年) 또는 나이

矛盾 : 창과 방패 → 서로 양립할 수 없음

龜鑑 : 거북이와 거울 → 모범, 본보기

聰明 : 귀 밝고 눈 밝음 → 영리하고 똑똑함

菽麥 : 콩과 보리 → 菽麥不辨의 뜻으로 쓰여 사리분별을 못하고 세상 물정에 어두움

✔ 연습문제

숫자가 들어가는 고사성어에 대해 알아보자.

一字千金, 一刻千金, 一擧兩得

二律背反, 身土不二

三人成虎, 作心三日

四面楚歌, 四顧無親

五里霧中

五關六斬

七顚八起

四通八達

九死一生, 九牛一毛

十匙一飯, 權不十年

百年偕老

不遠千里, 千慮一失

千辛萬苦

제7강

날씨와 절기

1. 四季節과 名節 및 24節氣

'季'는 봄·여름·가을·겨울의 '철'을 의미하고, 명절은 해마다 즐기고 기념하는 날이다. '절기'는 '계절과 기후'를 의미한다. '24절기'는 5일을 '候'라 하고, 3候를 1氣로 하여 1년을 24氣로 나눈 것이다. 농경 사회에서는 24절기를 기준으로 농사를 짓고, 풍속을 만들어 지켰다.

1) 春의 명절과 절기

○ 上元 : 정월 대보름.

○ 立春 : 2월 4일경. 24절기 중 첫째 절기로 대한(大寒)과 우수(雨水) 사이에 있는 절기이다. 태양의 황경(黃經)이 315도일 때로 이날부터 봄이 시작된다.

○ 雨水 : 2월 19일경. 이 무렵에 꽃샘추위가 잠시 기승을 부리지만 "우수 경칩에 대동강 풀린다."는 속담이 있듯이 우수와 경칩을 지나면 아무리 춥던 추위도 물러난다.

○ 驚蟄 : 3월 5일경. 동면하던 동물이 땅속에서 깨어난다는 뜻으로 날씨가 따뜻해서 초목의 싹이 돋기 시작한다.

○ 春分 : 3월 21일경. 음양이 서로 반인만큼 낮과 밤의 길이가 같고 추위와 더위가 같다. 이 절기를 전후하여 농가에서는 봄보리를 갈고 춘경(春耕)을 하며 담도

고치고 들나물을 캐어먹는다.

○ 淸明 : 4월 5일경. 음력 3월에 드는 24절기의 다섯 번째 절기. 청명(淸明)이란 하늘이 차츰 맑아진다는 뜻을 지닌 말이다. 이날은 한식(寒食) 하루 전날이거나 같은 날일 수 있으며, 춘분(春分)과 곡우(穀雨) 사이에 있다. 청명이란 말 그대로 날씨가 좋은 날이고, 날씨가 좋아야 봄에 막 시작하는 농사일이나 고기잡이 같은 생업 활동을 하기에도 수월하다. 곳에 따라서는 손 없는 날이라고 하여 특별히 택일을 하지 않고도 이날 산소를 돌보거나, 묘자리 고치기, 집수리 같은 일을 한다. 이러한 일들은 봄이 오기를 기다리면서 겨우내 미루어두었던 것들이다.

○ 寒食 : 벌초를 하고, 무덤을 손질하며, 그 주변에 나무를 심는다. 한식날은 불을 사용하지 않고 찬밥을 그냥 먹기도 한다.

○ 穀雨 : 4월 20일경. 곡우의 의미는 봄비[雨]가 내려 백곡[穀]을 기름지게 한다는 뜻이다.

◆ 寒食의 유래

介子推(介之推라고도 함)는 진(晉)나라 문공(文公)이 왕위에 오르기 전에 아버지 헌공(獻公)에게 추방되었을 때, 19년 동안 그를 모시며 같이 망명 생활하였다. 뒤에 문공이 진(秦)나라 목공(穆公)의 주선으로 귀국하여 왕위에 오르고 많은 현신(賢臣)을 등용하였으나, 개자추에게는 봉록을 주지 않았다. 실망한 그는 면산(緜山)에 들어가 숨어 살았다. 문공이 자신의 잘못을 뉘우치고 그를 불렀으나 나오지 않았다. 문공은 그를 나오게 하기 위해 산에다 불을 질렀다. 그러나 끝내 나오지 않고 어머니와 함께 그대로 타 죽었다. 한식(寒食)은 개자추가 타 죽은 것을 기리기 위하여 행사로 기념한 날로서, 이때 찬밥을 먹는다고 한다. 자신을 버린 사람에 대해 복수하거나 미워하지 않고 자신을 학대하고 망가짐으로써 상대방에게 죄책감을 갖게 하고 괴롭히는 것을 개자추 신드롬이라고 한다.

2) 夏의 명절과 절기

○ 立夏 : 5월 6일경. 여름에 들어선다는 의미이다. 이때가 되면 천지만물이 무성하게 자라기 시작한다.

○ 端午 : 양기가 가장 왕성한 시기로 重五, 天中節, 수릿날이라고도 한다. 그네뛰기, 씨름 등의 민속놀이를 즐긴다.

○ 小滿 : 5월 21일경으로 만물이 점차 자라 가득 찬다는 의미이다. 모내기를 시작하며 보리가 익어간다.

○ 芒種 : 6월 6일경. 망종이란 벼, 보리 같이 수염이 있는 까끄라기 곡식의 종자를 뿌려야 할 적당한 시기라는 뜻이다. 이 시기는 모내기와 보리베기에 알맞은 때이다. 그러므로 망종 무렵은 보리를 베고 논에 모를 심는 절후이다.

○ 流頭 : 음력 6월 15일로 7월 22일 경. 이날은 일가 친지들이 맑은 시내나 산간폭포에 가서 머리를 감고 몸을 씻은 뒤, 가지고 간 음식을 먹으면서 서늘하게 하루를 지낸다. 이것을 유두잔치라고 하는데, 이렇게 하면 여름에 질병을 물리치고 더위를 먹지 않는다고 한다.

○ 夏至 : 6월 21일경. 동지(冬至)에 가장 길었던 밤 시간이 조금씩 짧아지기 시작하여 이날 가장 짧아지는 반면, 낮 시간은 일년 중 가장 길어져 무려 14시간 35분이나 된다. 일 년 중 태양이 가장 높이 뜨고 낮의 길이가 길기 때문에 북반구의 지표면은 태양으로부터 가장 많은 열을 받는다. 그리고 이 열이 쌓여서 하지 이후로는 기온이 상승하여 몹시 더워진다.

○ 小暑 : 7월 7일경. '작은 더위'라 불리며, 이때를 중심으로 본격적인 더위가 시작된다.

○ 大暑 : 7월 23일경. 우리나라에서 이 시기는 대개 중복(中伏) 때로, 장마가 끝나고 더위가 가장 심하다

○ 三伏 : 음력 6월에서 7월 사이의 절기로 초복, 중복, 말복을 가리킨다. 하지로부터 셋째 경일(庚日)을 초복(初伏), 넷째 경일을 중복(中伏), 입추 후 첫째 경일을 말복(末伏)이라 하며 이를 삼복(三伏) 혹은 삼경일(三庚日)이라 한다. 복날은

10일 간격으로 들기 때문에 초복에서 말복까지 20일이 걸리나 어느 해는 초복에서 말복이 20일을 넘기도 한다.

3) 秋의 명절과 절기

○ 立秋 : 8월 8일경. 가을에 들어선다는 의미이다.

○ 七夕 : 음력 7월 7일로 세시 명절의 하나이다. 헤어져 있던 견우(牽牛)와 직녀(織女)가 만나는 날이라고도 한다. 부녀자들이 직녀에게 바느질을 잘하게 해달라고 기원하는 乞巧 풍속이 있다.

○ 處暑 : 8월 23일경. 여름이 지나면 더위도 가시고 신선한 가을을 맞이하게 된다는 의미로, 더위가 그친다는 뜻에서 붙여진 이름이다.

○ 白露 : 9월 8일경. 백로는 흰 이슬이라는 뜻으로 이때쯤이면 밤에 기온이 이슬점 이하로 내려가 풀잎이나 물체에 이슬이 맺히는 데서 유래한다.

○ 秋分 : 9월 23일경. 추분에는 낮과 밤의 길이가 같아지므로 이날을 계절의 분기점으로 의식한다. 곧 추분이 지나면 점차 밤이 길어지기 때문에 여름이 가고 가을이 왔음을 실감하게 된다.

○ 秋夕 : 음력 8월 15일. 중추절(仲秋節)·가배(嘉俳)·한가위라고도 부른다. 햇 작물로 음식을 장만해 조상에게 차례를 지내고 성묘를 한다.

○ 寒露 : 10월 8일경. 공기가 차츰 선선해짐에 따라 이슬(한로)이 찬 공기를 만나 서리로 변하기 직전의 시기이다.

○ 霜降 : 10월 23일경. 가을의 쾌청한 날씨가 계속되는 대신에 밤의 기온이 매우 낮아지는 때이다. 따라서 수증기가 지표에서 엉겨 서리가 내리며, 온도가 더 낮아지면 첫 얼음이 얼기도 한다.

4) 冬

○ 立冬 : 11월 7일경. 겨울이 들어선다는 의미이다.

○ 小雪 : 11월 23일경. 겨울이 시작되는 입동(立冬) 후 15일, 큰 눈이 내린다는 대설(大雪) 전 약 15일에 든다.

○ 大雪 : 12월 7일경. 소설에 이어 오는 대설(大雪)은 눈이 가장 많이 내린다는 뜻에서 붙여진 이름이다.

○ 冬至 : 12월 23일경. 일 년 중에서 밤이 가장 길고 낮이 가장 짧은 날이다.

○ 除夕 : 1년의 마지막 날인 섣달 그믐밤으로 '제야(除夜)'라고도 한다. 한 해를 마감하는 '덜리는 밤'이라는 뜻이다. 섣달 그믐을 속칭 '작은 설', '까치 설날'이라고 하여 묵은세배를 올리는 풍습이 있다. 즉, 그믐날 저녁에 사당에 절을 하고, 어른들에게도 세배하듯 절을 한다.

○ 元日 : 음력 1월 1일. 설날에 떡국을 먹고 차례를 지내며 세배를 드린다.

○ 小寒 : 1월 6일경. 작은 추위라는 뜻의 절기이다. 하지만 '소한에 얼어 죽은 사람은 있어도 대한에 얼어죽은 사람은 없다'는 속담이 있듯이 이 때가 가장 춥다.

○ 大寒 : 1월 20일경. '큰 추위'라는 뜻으로 24절기의 마지막 절기이다.

◆ 歲寒然後知松柏(세한연후지송백) : 날씨가 추워진 후(後)에야 송백의 진가(眞價)를 알게 된다는 뜻으로, 즉, 지조(志操)와 절개(節槪·節介)가 굳은 사람은 어려운 상황(狀況)이 되어야 구별(區別)된다는 것을 이르는 말이다.

2. 관련 한자 익히기

1) 立 (설 립)

땅을 딛고 서 있는 사람의 모습 형상. 사람은 물론, 물체가 세워있다는 뜻을 지님.

立	설 립	中立	立地
竝	아우를 병	竝行	竝列
竟	다할 경	畢竟	
章	글 /문양 장	文章	勳章
童	아이 동	童顔	童話
端	단정할/단서 단	端正	四端
競	다툴 경	競爭	競走

2) 艸 (초 두)

두 줄기 새싹의 형상에서 나온 글자. 식물의 이름이나 그 구성요소를 가리는 뜻, 식물의 생장과정. 식물과 연관해서 이루어진 의미나 사물을 나타냄.

草	풀 초	花草	草食
若	같을 약	萬若	泰然自若
苦	괴로울 고	苦心	勞苦
苟	만약/구차할 구	苟且	
華	빛날 화	華麗	華婚
茂	우거질 무	茂盛	茂林
茶	차 다	茶飯事	綠茶
荒	거칠 황	荒廢	荒唐

莫	없을 막	莫大	莫强
著	지을 저	著者	名著
葬	장사지낼 장	葬禮	火葬
蒙	어리석을/어린아이 몽	啓蒙	童蒙
蓋	덮을 개	覆蓋	蓋棺事定
蔽	가릴/종합할 폐	隱蔽	蔽一言
薄	엷을 박	輕薄	薄福
藏	감출 장	藏書	所藏
藝	재주 예	藝術	技藝
藥	약 약	藥品	補藥
蘇	깨어날 소	心肺蘇生	

◆ 喫茶去(끽다거) : "차 한 잔 마시고가라."는 뜻으로 당나라 때 승려 조주선사(778~897)가 한 말이다. 조주선사는 만물에 차별이 없음을 깨우치기 위해 이 말을 했다고 한다.

3. 고사성어

1) 春來不似春(춘래불사춘)

봄은 왔지만 봄 같지가 않다. 전한시대 王昭君(왕소군)을 두고 지은 詩 가운데 있는 글귀다. 왕소군은 前漢(전한) 元帝(원제)의 宮女(궁녀)로 이름은 嬙(장)이었고, 소군은 그의 字(자)였다. 그녀는 絶世(절세)의 美人(미인)이었으나 흉노와의 和親(화친)정책에 의해 흉노왕에게 시집을 가게 되었다. 왕소군을 두고 지은 동방규의 시에 이러한 구절이 나온다. "오랑캐 땅에 꽃과 풀이 없으니 봄이 와도 봄 같지 않겠구나(胡地無花草

春來不似春)" 이 시구에서 '秋來不似秋(추래불사추)', '冬來不似冬(동래불사동)'라는 말이 나왔다.

2) 夏爐冬扇(하로동선)

여름의 화로와 겨울의 부채, 곧 쓸데없는 사물, 버려지는 신세, 한가한 신세를 비유함. 冬扇夏爐(동선하로)

3) 天高馬肥(천고마비)

가을 하늘은 맑아서 높으며, 말은 살쪄서 기운이 좋다는 말로, 보통 가을을 뜻한다. 그러나 원래는 중국 북방 민족 흉노는 말이 살찌는 가을 무렵에 자주 남하해 중국 변경을 침략하였기 때문에 전쟁 준비는 다되고, 사기는 높아 전쟁의 호기가 도래했음을 이르는 말이었다. '秋高馬肥(추고마비)'이던 것이 天高馬肥(천고마비)로 변했다.

4) 冬溫夏凊(동온하청)

겨울에는 따뜻하게 여름에는 서늘하게 한다는 뜻으로 부모에게 효도한다는 의미이다.

5) 良藥苦於口(양약고어구)

좋은 약은 입에 쓰지만 병에 이롭다. (而利於病) '충고하는 말은 귀에 거슬리지만 행동에 이롭다. (忠言逆於耳 而利於行)'라는 말과 함께 쓰인다.

✔ 연습문제

명절 풍속에 대해 알아보자.

신체

1.

유교 사회에서는 "신체와 터럭과 살갗은 부모에게서 받은 것이다. 감히 훼손하거나 다치지 않는 것이 효의 시작이다.(身體髮膚, 受之父母, 不敢毁傷, 孝之始也.)"라고 하였다. 부모에게서 물려받은 몸을 소중히 여기는 것이 효도의 시작이라는 말이다. 신체의 부위를 나타내는 한자어에 대해 알아보자.

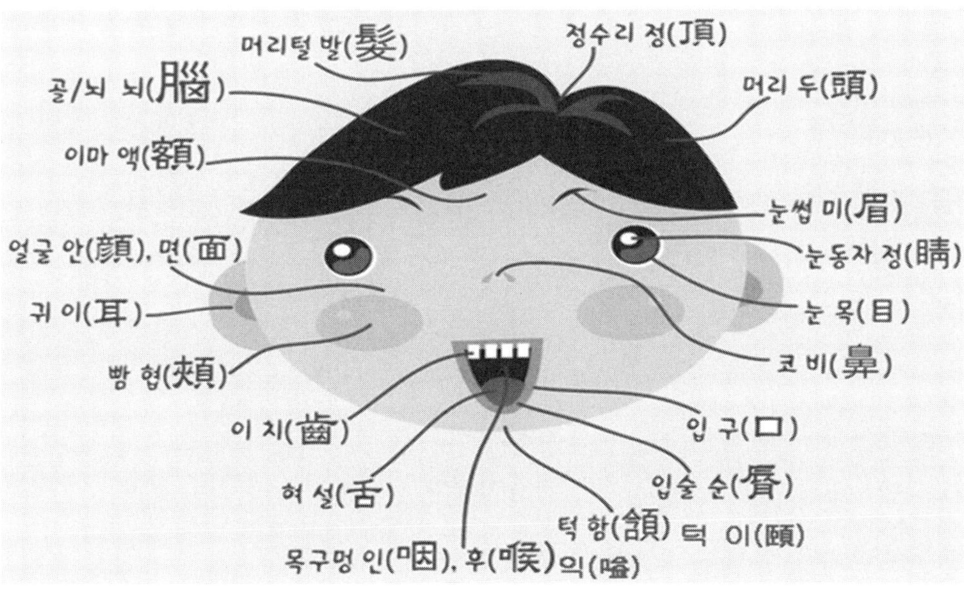

2. 관련 한자 익히기

1) 目 (눈 목)

눈의 형상. 눈의 기능이나 눈의 상태.

目	눈/조목 목	耳目	科目
直	곧을 직	剛直	正直
盲	눈먼 맹	盲目	靑盲
相	서로 상	相反	相似
省	살필 성/줄일 생	反省	省略
看	볼 간	看病	看護
眠	잘 면	不眠	永眠
眞	참 진	眞實	眞理
眼	눈 안	眼目	肉眼
睡	잠/잘 수	午睡	昏睡
督	감독할 독	監督	督促

2) 口 (입 구)

입을 형상. 입과 관련한 기관, 언어활동, 입맛

口	입/말할 구	口傳	出口
古	예 고	古今	古人
史	역사 사	歷史	史觀
司	맡을 사	司法府	司會
吏	관리 리	官吏	淸白吏

向	향할 향	趣向	偏向
名	이름 명	名銜	名單
吉	길할 길	吉凶禍福	吉日
召	부를 소	召集	召還
告	알릴 고	告白	公告
和	화합할 화	調和	和暢
周	두루/둘레 주	周知	周圍
品	물건/품평할 품	名品	品評
員	인원 원	定員	職員
商	장사 상	商街	商業
吐	토할 토	吐露	吐血
吸	숨들이쉴 흡	吸煙	呼吸
含	머금을 함	含有	包含
命	목숨 명	命令	運命
哀	슬플 애	哀悼	哀歡
哲	밝을 철	明哲	哲學
唱	노래 창	唱歌	合唱
單	홑/단자 단	單身	單子
嘆	탄식할 탄	悲嘆	慨嘆
問	물을 문	質問	學問
啓	열 계	啓蒙	啓明
喪	초상 상	喪失	初喪
喜	기쁠 희	喜悲	喜色
器	그릇/기계 기	食器	器械

嘗	맛볼 상	嘗味	臥薪嘗膽
嚴	엄할 엄	威嚴	嚴格

3) **肉(月)** (**고기 육**)

잘라 놓은 고깃덩이의 단면을 본뜬 글자. 신체 기관이나 그와 관련한 의미.

肝	간 간	肝腸	
肖	닮을 초	不肖	肖像權
肥	살찔 비	肥大	肥滿
肺	허파 폐	心肺甦生	
肯	즐길 긍	肯定	首肯
育	기를 육	敎育	育成
胃	밥통 위	胃炎	脾胃
肩	어깨 견	比肩	肩章
背	등 배	背信	背景
能	능할 능	能力	可能
脣	입술 순	脣亡齒寒	
腸	창자 장	大腸	盲腸
腹	배 복	腹案	空腹
膚	피부 부	皮膚	
臟	오장 장	臟器	五臟

4) **頁 (머리 혈)**

사람의 머리칼과 얼굴과 목을 단순하게 나타낸 글자. 머리에 속하는 각각의 부위를 가리키는 뜻.

頂	정수리 정	頂上	絶頂
項	목 항	項目	項鎖
順	따를 순	順從	順理
須	모름지기 수	必須	閨門須知
頃	잠깐 경	頃刻	
頌	기릴 송	稱頌	讚頌
頗	자못 파	頗多	偏頗
領	옷깃 령	領土	領袖
頻	자주 빈	頻出	頻度
題	표제 제	題目	主題
額	이마/돈 액	定額	總額
顔	얼굴 안	顔面	童顔
願	원할 원	所願	請願
顧	돌아볼/방문할 고	回顧	顧客
類	무리 류	人類	同類
顯	나타날 현	顯著	顯達

3. 고사성어

1) 刮目相對(괄목상대)

눈을 비비고 상대방을 대한다는 뜻으로, 상대방의 학식이나 재주가 갑자기 몰라볼 정도로 나아졌음을 이르는 말이다.

2) 臥薪嘗膽(와신상담)

풀섶에 누워 잠을 자고(吳 夫差) 쓸개를 맛본다는(越 句踐) 말로, 원수를 갚기 위해 온갖 괴로움을 참고 견딤을 뜻한다. 『사기(史記)』에서 유래.

3) 肝膽相照(간담상조)

서로 간과 쓸개를 꺼내 보인다는 뜻. 친구 사이의 眞正(진정)한 우정. 서로 속마음을 터놓고 가까이 지냄. 唐宋八大家 중 唐代의 두 名文 대가에 韓愈(한유 : 자는 退之, 768~824)와 柳宗元(유종원 : 자는 子厚, 773~819)이 있었다. 이들은 함께 古文復興 운동을 제창한 문우로서 세인으로부터 韓柳라고 불릴 정도로 절친한 사이였다. 당나라 11대 황제인 憲宗(헌종 : 805~820) 때 柳州刺史로 좌천되었던 유종원이 죽자 한유는 그 墓誌銘을 썼다. 자신의 불우한 처지는 제쳐 놓고 오히려 연로한 어머니를 두고 변경인 播州刺史로 좌천, 부임하는 친구 劉夢得(유몽득)을 크게 동정했던 유종원의 진정한 우정을 찬양하고, 이어 경박한 사귐을 증오하여 이렇게 쓰고 있다. "사람이란 곤경에 처했을 때라야 비로소 節義가 나타나는 법이다. 평소 평온하게 살아갈 때는 서로 그리워하고 기뻐하며 때로는 놀이나 술자리를 마련하여 부르곤 한다. 또 흰소리를 치기도 하고 지나친 우스갯소리도 하지만 서로 양보하고 손을 맞잡기도 한다. 어디 그뿐인가. '서로 간과 쓸개를 꺼내 보이며(肝膽相照)' 해를 가리켜 눈물짓고 살든 죽든 서로 배신하지 말자고 맹세한다. 말은 제법 그럴듯하지만 일단 털끝만큼이라도 이해관계가 생기는 날에는 눈을 부릅뜨고 언제 봤냐는 듯 안면을 바꾼다. 더욱이 함정에 빠져도 손을 뻗쳐 구해 주기는커녕 오히려 더 깊이 빠뜨리고 위에서 돌까지 던지는 인간이 이 세상 곳곳에 널려 있는 것이다." 곧 상호 간에

진심을 터놓고 격의 없이 사귐을 나타내거나 마음이 잘 맞는 절친한 사이를 일컫게 되었다.

4) 肝腦塗地(간뇌도지)

간과 뇌장을 땅에 쏟아낸다는 뜻으로, 나라를 위하여 목숨을 돌보지 않고 힘을 다함.

5) 厚顔無恥(후안무치)

얼굴이 두껍고 부끄러워 할 줄 모름. 眼下無人(안하무인), 傍若無人(방약무인).

6) 阿鼻叫喚(아비규환)

불교에서 말하는 아비지옥과 규환지옥을 말함. 아비지옥은 끊임없이 지독한 고통을 받는다는 곳으로 無間地獄이라고도 한다. 규환지옥은 고통으로 슬픈 고함소리를 지르는 곳이다. 아비규환은 차마 눈뜨고 보지 못할 참상을 의미한다.

7) 吾鼻三尺(오비삼척)

내 코가 석 자. 내 상황이 급해 남의 형편을 돌볼 처지가 아님을 이르는 말.

8) 鼻祖(비조)

옛날 중국에서는 사람이 모태(母胎) 속에서 자랄 때, 맨 처음 코가 형태를 이루기 시작한다고 하여 코를 모든 사물의 시작으로 본 데서 비롯된 말로 어떤 일을 가장 먼저 시작한 사람 또는 모든 사물의 시초를 뜻함.

제9강

나이

1.

누구나 가치 있게 나이 들고 싶어 한다. 공자는 자신의 삶을 되돌아보면서 제자들에게 "나는 열다섯 살에 배움에 뜻을 두었고 서른 살에 자립하였으며 마흔 살에 미혹되지 않았고 오십 살에 천명을 알았고 예순 살에 귀로 듣는 것을 이해했으며 칠십 살에 마음이 하고자 하는 대로 따라도 법도를 벗어나지 않았다."고 하였다. 공자는 특별한 목표를 세우지 않아도 저절로 성인의 경지에 올랐지만 제자들에게 제대로 나이 드는 법을 알려주기 위해 하신 말씀이라고 한다. 지금까지 나이를 나타내는 관형어로 쓰이고 있는데 구체적인 의미를 통해 나이듦에 대해 생각해 보자.

2. 관련 한자 익히기

1) 手(扌) (손 수)

손의 모습을 형상. 손놀림을 통해서 나오는 동사들이 많음.

才	재주 재	天才	才德
打	칠 타	連打	打樂器
托	맡길 탁	依托	
扶	도울 부	扶助	扶養
折	꺾을 절	挫折	折半
投	던질 투	投手	投入
拔	뽑을 발	拔本	
拙	졸할 졸	拙劣	拙作
持	가질 지	持續	堅持
捉	잡을 착	捕捉	
捨	버릴 사	取捨選擇	
授	줄 수	授受	授與
掌	손바닥 장	如反掌	拍掌大笑
探	찾을 탐	探究	探問
損	덜 손	損害	損傷
擊	칠 격	一擊	攻擊
擇	가릴 택	選擇	擇婚
擧	들 거	擧手	擧世
擴	넓힐 확	擴大	擴張

2) 足 (발 족)

종아리와 발가락을 합쳐 만든 글자. 발과 연관 있는 뜻.

距	거리 거	距離	
跡	자취 적	人跡	追跡
路	길 로	歸路	路上
跳	뛸 도	跳躍	
踏	밟을 답	踏査	未踏
踐	밟을 천	實踐	
蹟	자취 적	古蹟	遺蹟

3) 辵(⻌)

辵 천천히 걸을 착 (책받침 ⻌) 걷는 동작, 움직임과 관련한 뜻.

近	가까울 근	親近	遠近
迎	맞이할 영	歡迎	迎接
返	되돌릴 반	返納	返還
述	말할 술	敍述	陳述
追	따를 추	追慕	追憶
退	물러날 퇴	後退	進退
送	보낼 송	送別	電送
逃	달아날 도	逃亡	逃避
逐	쫓을 축	逐出	角逐
通	통할 통	通路	通俗

速	빠를 속	速度	拙速	
造	만들 조	造景	造幣	
逢	만날 봉	相逢	逢變	
連	이을 연	連休	連結	
逸	벗아날/편할/빠질 일	逸脫	安逸	逸話
運	돌 운	運轉	運命	
遍	두루 편	普遍	遍在	
過	지날/잘못 과	過程	改過	
違	어길 위	違反	違法	
適	맞을 적	適合	適切	
遷	옮길 천	遷都	變遷	
遲	더딜 지	遲刻	遲延	
遵	좇을 준	遵守	遵法	
選	가릴 선	選擧	選擇	
遺	남길 유	遺産	遺言	
邊	가 변	身邊	邊境	

◆ 子曰, 人無遠慮, 必有近憂.

3. 고사성어

1) 捨生取義(사생취의)

목숨을 버리고 의를 취하다. 자신의 목숨을 걸고 의로운 일을 해내는 것을 뜻한다. 捨魚取熊掌이라고도 한다.

2) 虎死留皮 人死留名(호사유피 인사유명)

호랑이는 죽어서 가죽을 남기고 사람은 죽어서 이름을 남긴다.

○ 나이와 관련된 한자어

沖年	10세 안팎	知天命	50세
志學	15세	耳順	60세
笄年	여자 15세	還甲, 回甲	61세
瓜年	여자 16, 남자 64세	進甲	62세
弱冠	20세	從心	70세
芳年	여자 20세	古稀	70세
而立	30세	喜壽	77세
二毛之年	32세	望九	81세
不惑	40세	米壽	88세
桑年	48세	白壽	99세

✔ 연습문제

德勝才와 才勝德, 인품과 능력의 관계에 대해 말해 보자.

음식 문화

1.

요사이 먹방이나 쿡방을 소재로 한 TV 프로그램이 많이 만들어지고 있다. 그만큼 현대인들이 먹는 것에 관심이 많다는 사실을 반증하며 무엇을, 어떻게, 어디서, 누구와 먹는 것이 중요한 문화 행위로 인식되고 있다. 분명 먹는 것에 대한 관심과 그로 인한 기쁨은 인간이 누릴 수 있는 즐거움 중의 하나이다.

『呂氏春秋』에서는 "음식은 때에 맞춰 먹여야 몸에 재앙이 없다. 음식은 배고프지도 배부르지도 않은 정도로 먹어야 한다. (食能以時 身必無災 凡食之道 無飢無飽.)"라고 하였다. 조선의 대표적 지식인 다산 정약용은 자식에게 다음과 같은 글을 썼다.

〈입을 속이는 방법〉

나는 너희들에게 전원을 남겨줄 수 있을 만한 벼슬을 한 적이 없다. 다만 삶을 넉넉하게 해주고 가난을 구제할 수 있는, 두 글자로 된 신부(神符)는 가지고 있다. 이제 그것을 너희에게 주니, 너희들은 야박하다 여기지 마라. 한 글자는 부지런할 '勤(근)'이요 다른 한 글자는 검소할 '儉(검)'자 인데, 이 두 글자는 비옥한 논밭보다 나으니 일생 동안 써도 떨어지지 않을 것이다.

'근'이란 어떤 것을 일컫는가? 오늘 할 수 있는 일을 내일로 미루지 말고, 아침에 할 일을 저녁으로 미루지 말고, 갠 날 할 일을 끌다가 비를 만나지 말고 비 오는 날 할 일을 날이 갤 때가지 끌지 마라. 늙은이는 앉아서 감독하고, 어린 아이는 들고 다니며, 장정은 힘든 일을 하고, 병자는 지키는 일을 한다. 부인은 새벽 두 시 전에는 잠자리에 들지 않아야 한다. 요는 집안 남녀노소에 놀고 먹는 입이 하나도 없고, 한 순간도 한가하게 해바라기나 하지 않게 해야 하는 것이다. 이것이 근면하다고 하는 것이다.

검소하다는 것은 어떤 것인가? 옷은 몸을 가리면 되는 것이다. 낡아빠진 고급 옷이란 참으로 처량한 것이다. 애초부터 소박한 베옷을 넉넉하게 지어 입으면 낡아도 걱정이 없다. 옷을 새로 만들 때마다 앞으로도 이런 옷을 계속 입을 수 있을지를 반드시 생각해 보아라. 만약 계속 입을 수 없다면, 이번 옷은 앞으로 낡아빠진 고급 옷이 될 것이다. 여기에 생각이 미치면 누구나 곱게 잔 고급 옷보다는 소박한 옷을 선택할 것이다. 음식은 연명으로 되는 것이다. 좋은 등심고기나 청어 같은 맛있는 생선도 입술로 들어가기만 하면 더러운 물건이 된다. 목구멍을 넘어갈 것도 없이 사람들이 침을 뱉게 되는 것이다.

사람이 세상을 살면서 귀중한 것은 성실함이다. 세상에 속여도 되는 것은 아무 것도 없다. 하늘을 속이는 것이 제일 나쁘고, 임금을 속이거나 어버이를 속이는 것으로부터 농사꾼이 되어서 동료를 속이거나 장사를 하면서 동업자를 속이는 것에 이르기까지 모두 죄악에 빠지는 것이다. 속여도 되는 것이 딱 한 가지 있으니, 그것은 자기의 입이다. 험한 음식으로 잠시 잠깐 속이고 지나가는 것-이것이 좋은 방법이다.

올해 여름 내가 다산에 있으면서, 상추 잎으로 밥을 주먹만 하게 싸먹었다. 어떤 손이

"쌈을 싸먹는 것이 절여 먹는 것과 다릅니까?

하고 물었다. 내가

"이건 다산 선생이 입을 속이는 방법일세."

하였다. 음식을 먹을 때마다 모름지기 이런 식으로 생각해라. 정력과 지혜를 다하여 뒷간을 위하여 충성을 바칠 필요가 없다. 이것은 궁핍한 처지를 헤쳐 나가기 위한 방편이 아니다. 하늘에 닿게 부귀하다 하더라도, 선비가 집안을 거느리고 자신을 단속하는 법이 이 두 가지-근면과 검소를 빼놓고는 착수할 곳이 없는 것이다. 너희들은 모름지기 깊이 새겨두도록 하라. (경오년(1810) 9월에 다산의 동암에서 쓰다.)

2. 관련부수 한자 익히기

1) 食 (먹을 식)

무엇보다 사람(人)이 살아가기에 꼭 필요하고 좋은(良) 것은 '밥'이라는 생각에서 나온 글자. 혹은 밥그릇에 담긴 밥을 본뜬 글자라고도 함. 음식물에 관한 이름 혹은 음식과 관련한 사람들의 제반 상태와 동작을 뜻함.

飢	주릴 기	飢渴	飢餓
飮	마실 음	飮酒	過飮
飯	밥 반	飯饌	白飯
飽	배부를 포	飽食	飽滿
飾	꾸밀 식	裝飾	修飾
養	기를 양	養育	奉養
餘	남을 여	餘裕	餘暇
館	객사 관	旅館	別館

2) 火 (불 화)

타오르는 화염의 형상. 불이나 열, 빛과 상관된 의미.

火	불 화	放火	消火
灰	재 회	灰色	灰壁
災	재앙 재	災殃	火災
炎	불꽃 염	炎症	炎天
炭	숯 탄	塗炭	炭鑛
烈	세찰 렬	烈士	烈女

煙	연기 연	禁煙	煙氣
煩	번거로울/괴로울 번	煩雜	煩惱
照	비출 조	照明	落照
熟	익을 숙	半熟	熟語
燒	불사를 소	燒却	全燒
燥	마를 조	乾燥	燥渴
熱	더울 열	熱氣	熱帶夜
爆	터질 폭	爆發	爆藥

3) 酉 (술동이/닭 유)

술을 담는 항아리의 전체적인 모양에서 나온 글자.

酌	따를 작	酬酌	斟酌
配	짝 배	配匹	配給
酒	술 주	節酒	酒量
酸	실 산	酸味	辛酸
醉	취할 취	醉氣	滿醉
醒	깰 성	覺醒	
酋	두목 추	酋長	
醜	추할 추	美醜	醜態
醫	의원 의	醫師	韓醫

4) 皿 (그릇 명)

그릇의 모양을 본떠 만든 글자.

益	더할 익	有益	弘益
盛	성할 성	盛衰	全盛
盜	도둑 도	群盜	强盜
盟	맹서할 맹	盟誓	同盟
盡	다할 진	賣盡	苦盡甘來
監	볼 감	監督	監査
盤	소반 반	原盤	銀盤

3. 고사성어

1) 醫食同原(의식동원)

의술과 음식은 근원이 같다는 말로 일상의 음식이 건강에 중요하다는 뜻으로 쓰임. 治未病.

2) 膾炙(회자)

고기를 잘게 썬 膾 와 구운 고기 炙. 구운고기와 회를 사람들이 언제 어디서든 즐겨 먹는다는 의미에서 어떤 사람의 글이나 행동이 훌륭해 사람들의 입에 자주 오르내리면서 널리 알려지는 것을 "人口에 膾炙된다"고 한다. 반면 口舌은 좋지 않은 일로 입에 오르내리는 것을 말한다.

3) 酒池肉林(주지육림)

술이 연못을 이루고 고기가 숲을 이룬다는 뜻으로 호화롭고 사치스런 술잔치를 비유하는 말.

4) 珍羞盛饌(진수성찬)

진귀하고 성대한 반찬이란 뜻으로 맛이 좋은 음식으로 잘 차린 것을 말함.

4. 酒의 기원

술을 만든 사람은 의적(儀狄)이라고 알려져 있다. 의적은 우왕(禹王)의 신하로, 하(夏) 나라 때 최초로 술을 제조하였다는 전설상의 인물이다. 의적이 술을 제조하여 우왕(禹王)에게 바치니, 우왕이 이를 마셔보고 달게 여기면서 후세에 반드시 술로 나라를 망하게 하는 자가 있을 것이라 하여 의적을 멀리하였다고 한다. 술은 인간과 신이 함께 마시는 음식으로 제사에 꼭 필요해 집집마다 술을 담갔다. 술은 적당히 마치면 근심을 잊게 해준다고 하여 '忘憂物(망우물)'이라고도 했다. 하지만 지나치게 많이 마시면 재앙을 불러 온다고 하여 재앙을 일으키는 샘이란 의미의 '화천(禍泉)'이라고도 했다.

술을 많이 마시는 사람에 대해 '斗酒不辭(두주불사)'라고 한다. '斗'는 액체의 용량을 재는 단위로 '斗酒'는 한 말의 술을 의미한다. 한 말은 18리터에 해당한다. '두주불사'는 한 말의 술도 사양하지 않는다는 뜻이다. 공자는 "술을 마시는데 정해놓은 양은 없었으나 어지러운 지경에는 이르지 않았다.(唯酒無量 不及亂)"고 한다. 선인들은 節酒하여 패가망신(敗家亡身)하지 말 것을 자식들에게 경계했다.

5. 한자 메뉴 읽는 법

기본 음식 종류 : 飯(밥 반, 밥), 麵(밀가루 면, 국수), 湯(국 탕,국), 羹(국 갱, 국), 包(쌀 포, 만두), 粥(죽 죽, 죽), 餠(떡 병, 떡)

재료 : 菜(채소 채, 채소), 豆腐(두부), 牛肉(우육, 소고기), 猪豬(저육, 돼지고기), 鷄肉(계육, 닭고기), 鴨(압, 오리), 鷄蛋(계단, 란), 蝦(새우 하, 새우), 蟹(게 해, 게), 牡蠣·石花(모려·석화, 굴), 魚(물고기 어, 생선), 菌(버섯 균, 버섯)

조리 방법 : 炒(볶을 초, 볶음), 烤(불에 말릴 고, 구이), 炸(튀길 작, 튀김), 燒(익힐 소, 조림), 蒸(찔 증, 찜)

✔ 연습문제

다음 음식에 대해 알아보자.

骨董飯	食醢
食醢	散炙
神仙爐	藥食

친구와 우정

1.

혈연관계로 이루어진 가족 다음으로 시간을 많이 보내고 영향을 주고받는 대상은 친구이다. 친구를 뜻하는 글자 '友'는 사람의 왼 손(左)과 오른 손(又)이 교차된 모습을 나타낸 것이다. 손을 맞잡고 서로 도우며 함께 가는 사람이 친구다. '朋(붕)'이라는 글자도 친구를 뜻하는데 붕은 '同志'의 의미가 더해진다. 유교 사회의 기본 윤리인 오륜에 '朋友有信'이 들어간다.

친구와 관련된 고사성어가 많은데 切親(절친)인 두 사람과 그들이 깊은 우정과 신뢰를 쌓게 되는 사건들 중심으로 이루어져 있다. 관중과 포숙아, 백아와 종자기의 우정에 대해 살펴보자.

춘추시대 제(齊)나라에 관중과 포숙이라는 두 인물이 있었다. 당시 제나라는 폭군 양공으로 인해 혼란에 빠져 있었다. 결국 공자 규는 관중과 함께 노나라로 망명했고, 규의 동생인 소백은 포숙과 함께 거나라로 망명했다. 이후 양공이 권력 쟁탈전 끝에 살해되고 나라는 혼란이 계속되어 군주의 자리가 비게 되었다. 그러자 두 공자는 서로 왕위에 오르기 위해 서둘러 귀국길에 올랐다. 이에 규는 관중을 보내 귀국길에 오른 소백을 암살하고 느긋하게 귀국길에 올랐다. 그러나 소백은 관중이 쏜 화살이 허리띠에 맞아 목숨을 구했고 부랴부랴 귀국해 군주의 자리를 차지하였다. 결국 소백에게 잡힌 규는 자결하였고 관중은 사형 집행을 눈앞에 두었다. 이때 포숙이 나서서 소백에게 말했다.

"전하, 전하께서 제나라에 만족하신다면 신으로 충분할 것입니다. 그러나 천하의 패자가 되고자 하신다면 관중 외에는 인물이 없을 것입니다. 부디 그를 등용하십시오."

결국 관중은 자신이 죽이려던 자 휘하에서 재상이 되었고, 이후 명재상 관중의 보좌를 받은 소백은 제 환공에 올라 춘추5패 가운데 한 사람이 되었다. 그 후 관중은 사람들에게 말했다.

"일찍이 내가 가난할 때 포숙과 함께 장사를 했는데, 이익을 나눌 때 나는 내 몫을 더 크게 했다. 그러나 포숙은 나를 욕심쟁이라고 말하지 않았다. 내가 가난함을 알고 있었기 때문이다. 또한 내가 사업을 하다가 실패하였으나 포숙은 나를 어리석다고 말하지 않았다. 세상 흐름에 따라 이로울 수도 있고 그렇지 않을 수도 있음을 알았기 때문이다. 내가 세 번 벼슬길에 나아갔다가 번번이 쫓겨났으나 포숙은 나를 무능하다고 말하지 않았다. 내가 시대를 만나지 못했음을 알았기 때문이다. 내가 싸움터에 나가 세 번 모두 패하고 도망쳤지만 포숙은 나를 겁쟁이라고 비웃지 않았다. 내게 늙으신 어머니가 계심을 알았기 때문이다. 나를 낳은 이는 부모님이지만 나를 알아준 이는 포숙이다(生我者, 父母. 知我者,鮑叔兒也.)여기에서 유래한 고사가 管鮑之交(관포지교)와 知己(지기)이다. 백아와 종자기의 우정도 유명하다.

전국 시대 때, 거문고의 명인 伯牙라는 사람이 있었다. 백아가 거문고를 탈 때면, 鍾子期라는 친구가 그 소리를 듣기 좋아했다. 종자기는 백아가 거문고를 탈 때의 심리 상태가 슬프든 기쁘든 괴롭든 항상 소리를 정확히 이해하고 감상할 수 있는 능력이 있었다. 종자기는 거문고의 현에 자신의 감정을 정확히 담아 내는 백아의 재주를 매우 아꼈다. 하루는 백아가 거문고를 타면서 높은 산에 오르는 생각을 하자, 종자기는 이렇게 말했다.

"훌륭하군, 높기가 태산 같아!"

또 흐르는 물을 생각하며 거문고를 타자 이렇게 말했다.

"훌륭하군, 넘실거리는 것이 강물 같아!"

하루는 백아가 태산 북쪽으로 놀러 갔다가 갑자기 폭우가 쏟아져 바위 아래에서 비를 피하게 되었다. 그는 문득 마음이 슬퍼져서 거문고를 당겨 이것을 노래했다. 처음에는 비가 내리는 곡조로 하다가 다음에는 산이 무너지는 소리를 만들었다. 곡조를 연주할 때마다 종자기는 백아의 마음을 다 알았다.

백아가 거문고를 놓고 탄식하며 말했다.

"대단해! 대단해! 자네가 소리를 알아주는 것이. 뜻과 생각과 표현하는 것이 나의 마음과 같아."

그런데 어느 날 종자기가 세상을 떠나고 말았다. 그러자 백아는 절망한 나머지 자기의 거문고 소리를 들을 만한 사람이 없다며 거문고의 줄을 끊어 버리고 다시는 거문고를 타지 않았다.

백아와 종가기의 우정에서 知音(지음)이라는 고사가 유래했는데 지기와 마찬가지로 자기를 알아주는 벗을 비유하는 말이다. 종자기가 죽자 백아가 거문고 줄을 끊어 버리고 더 이상 거문고를 타지 않았다는 '伯牙絶絃(백아절현)'은 친한 친구의 죽음을 슬퍼한다는 뜻으로 쓰인다.

이경윤, 탄금도 (고려대학교 소장)

2. 관련 한자 익히기

1) 亠 (돼지해밑 두)

돼지를 뜻하는 亥와 머리 부분과 닮아서 붙여진 이름.

亡	망할 망/죽을	敗亡	死亡
交	사귈 교	交流	交際
亨	형통할 형	亨通	
享	누릴 향	享樂	享年
京	서울 경	歸京	上京

2) 見 (볼 견)

시각과 관련한 뜻.

規	법규 규	規則	內規
視	볼 시	視野	坐視
親	친할 친	兩親	親近
覺	깨달을 각	感覺	覺醒
覽	볼 람	閱覽	觀覽
觀	볼 관	觀衆	觀察

3) 又 (또 우)

오른손의 옆모양을 간단히 그려 나타낸 글자. 손으로 하는 어떤 행동과 깊이 관련된 뜻을 지닌 글자.

及	미칠 급	言及	不狂不及
反	돌이킬 반	反對	反省
叔	아재비 숙	叔父	外叔
取	취할 취	取捨選擇	取消
受	받을 수	授受	接受
叛	배반할 반	背叛	叛逆

✔ 연습문제

1. 다음은 우정과 관련된 고사성어들이다. 유래에 대해 알아보자.

水魚之交

竹馬故友

刎頸之交

金蘭之交

莫逆之友

2. 공자는 이익이 되는 친구(益友)와 손해가 되는 친구(損友)가 있다고 하였다. (孔子曰, 益者三友, 損者三友. 友直, 友諒, 友多聞, 益矣. 友便辟, 友善柔, 友便佞, 損矣. 〈季氏篇〉) 이에 대해 생각해보자.

제12강

예술

전기(田琦 : 1825~1854), 매화초옥도(국립중앙박물관 소장)

1.

앞의 그림을 감상해보자. 그림의 시간적 배경은 매화가 흐드러지게 핀 봄이다. 그림에는 두 사람이 등장한다. 한 사람은 집에서 누군가를 기다리고 있고 한 사람은 거문고를 매고 그 사람을 향해 가고 있다. 이들은 매화를 소재로 시를 짓고 거문고의 연주에 맞춰 노래를 부르며 봄날을 즐길 것이다. 선인들은 계절에 따라 자연을 즐기며 거기에서 얻은 흥취를 시, 음악, 그림으로 남겼다. 여성들은 남성에 비해 詩作 활동이나 음악 및 예술 활동에 제약을 받았으나 대표적인 화가로 신사임당을 들 수 있다. 현재 남아 있는 신사임당의 그림은 초충도와 포도 등 집 뜰 안의 대상을 그린 것들이지만 산수도를 잘 그린 사실이 그의 아들 율곡에 의해 전해진다.

2. 관련 한자 익히기

1) 彳 (두 인 변)

人에 ノ를 더 그은 형상이기 때문에 붙여짐. 거리나 그와 관련한 상태와 동작들을 뜻함.

役	부릴 역	役割	苦役
彼	저 피	彼此	彼我
往	갈 왕	旣往	往來
征	칠 정	征伐	征服
待	기다릴/대접할 대	待期	待接
律	법률 률	法律	規律
後	뒤 후	前後	後輩
徑	지름길 경	捷徑	直徑
徒	무리 도	暴徒	學徒

得	얻을 득	得失	取得
從	따를/사촌 종	主從	從兄
御	어거할 어	御用	御命
復	회복할 복/다시 부	復歸	復活
循	돌 순	循環	循行
微	적을 미	微笑	寒微
徵	부를/거둘 징	徵集	徵收
德	덕 덕	德望	道德

2) **田 (밭 전)**

경계가 분명한 밭의 모습을 본떠 만든 글자.

甲	천간/갑옷 갑	鐵甲	同甲
申	펼 신	申告	申聞鼓
由	말미암을 유	由來	理由
男	사내 남	得男	次男
界	지경 계	境界	政界
畏	두려워할 외	畏友	敬畏
畓	논 답	田畓	沃畓
留	머무를 유	抑留	保留
畜	짐승/기를 축	家畜	牧畜
畢	다할 필	未畢	畢竟
異	다를 이	特異	異邦
略	간략할 략	計略	略式

畵	그림 화	畵伯	畵室
番	차례 번	番號	順番
當	마땅할 당	不當	正當
畿	기내 기	京畿	畿湖學派

3) 心 (마음 심)

심장의 모습을 형상. 사람의 성품이나 사고, 심리상태를 나타내는 뜻.

必	반드시 필	必須	必要
忌	꺼릴 기	忌日	禁忌
忘	잊을 망	忘却	勿忘草
忙	바쁠 망	忙中閑	悤忙
忍	참을 인	忍耐	殘忍
志	뜻 지	意志	志士
念	생각 념	念慮	念願
忠	충성 충	忠誠	忠心
快	쾌할 쾌	痛快	快癒
忽	문득 홀/소홀히할	忽然	忽待
怒	성낼 노	怒氣	忿怒
怨	원망할 원	怨恨	宿怨
怠	게으를 태	怠慢	怠業
恭	공손할 공	恭敬	不恭
恕	용서할 서	容恕	忠恕
息	쉴 식	休息	子息

恩	은혜 은	恩惠	恩師
恥	부끄러워할 치	羞恥	恥辱
恒	항상 항	恒常	恒産
患	근심 환	憂患	患者
情	뜻 정	多情	情報
慧	슬기로울 혜	慧眼	智慧
慙	부끄러울 참	慙悔	
愁	근심 수	愁心	旅愁
愚	어리석을 우	愚直	愚問
慕	사모할 모	戀慕	追慕
憶	생각할 억	追憶	記憶
慾	욕심 욕	慾望	無慾
憐	불쌍히여길 련	可憐	同病相憐
懷	품을/가슴 회	懷抱	感懷
戀	그리워할 연	戀愛	悲戀

3. 고사성어

1) 畵蛇添足(화사첨족)

뱀을 그리고 발을 더하다. 쓸데없는 짓을 해서 일을 그르침을 말한다.

2) 畵龍點睛(화룡점정)

용을 그린 다음 마지막으로 눈동자를 그린다.

양(梁)나라의 장승요(張僧繇)가 금릉에 있는 안락사(安樂寺)에 용 두 마리를 그렸는데 눈동자를 그리지 않았다. 사람들이 이상히 생각하여 그 까닭을 묻자 "눈동자를 그리면 용이 날아가 버리기 때문이다"라고 대답하였다. 그러나 사람들은 그 말을 믿지 않았다. 그래서 그는 용 한 마리에 눈동자를 그려 넣었다. 그러자 갑자기 천둥이 울리고 번개가 치며 용이 벽을 차고 하늘로 올라가 버렸다. 눈동자를 그리지 않은 용은 그대로 남아 있었다. 여기에서 유래하여 가장 요긴한 부분을 마치어 일을 끝냄을 이르는 말로 쓰인다. 반면 어떤 일이 총체적으로는 잘 되었는데 어딘가 한군데 부족한 점이 있을 때 '화룡에 점정이 빠졌다'고도 한다.

3) 繪事後素(회사후소)

그림은 먼저 바탕을 손질한 후에 채색한다는 뜻으로, 사람은 좋은 바탕이 있은 뒤에 문식(文飾)을 더해야 함을 비유하여 이르는 말이다. 밖으로 드러난 형식적인 예(禮)보다는 그 예의 본질인 인(仁)한 마음이 중요하므로, 형식으로서의 예는 본질이 있은 후에 의미가 있다는 뜻을 담고 있다.

4) 膠柱鼓瑟(교주고슬)

거문고의 기둥(기러기발)을 아교로 붙이고 연주함. 융통성 없고 어리석음을 비유하는 말로 쓰인다.

5) 琴瑟之樂(금슬지락)

거문고와 비파의 아름다운 조화처럼 夫婦간의 사이가 좋은 것을 뜻한다.

제13강

출생

1.

우리나라에서는 어머니 뱃속에서 아이가 잉태되는 순간부터 하나의 생명체로 인식하여 태교(胎教)를 중시하였다. 李師朱堂(1739~1821)이라는 조선 여성은 『胎教新記』라는 책을 썼다. 이사주당은 "아버지가 자식을 낳고 어머니가 기르고 스승이 가르치는 것은 모두 한가지이다. 좋은 의사는 병이 생기기 전에 치료하고 좋은 선생은 태어나기 전에 가르친다. 그러므로 스승의 10년 가르침이 어머니가 열 달 동안 기르는 것만 못하다. 어머니가 10달 동안 기르는 것이 아버지가 하루에 자식을 낳는 것만 못하다."(父生之 母育之 師教之 一也. 善醫者 治於未病 善教者 教於未生. 故師教十年 未若母十月之育. 母育十月 未若父一日之生.)라고 하며 자식을 낳는 아버지의 바른 몸가짐과 어머니의 태교의 중요성을 말하였다. 뱃속의 아이에게 이름을 지어 부르며 태중의 아이와 교감하는 젊은 부모들이 많은데 전통 태교 문화에 근원을 두고 있는 것이라 할 수 있다.

인구 감소를 막기 위해 정부에서는 여러 가지 出産獎勵策을 내놓고 있다. 세종은 관비에게 출산 휴가를 준 것은 물론 관비의 남편에게도 출산 휴가를 주어 산모와 아이를 돌보도록 배려하였다고 한다.

평생도(平生圖)

2. 관련 한자 익히기

1) 人 (사람 인)

서 있는 사람의 옆모양을 본떠 만든 글자. 사람의 형체나 행동, 정신 상태나 성품 등의 뜻을 지님.

佳	아름다울 가	佳作	佳約
供	이바지할 공	供給	提供
例	법식 예	事例	例外
侵	침노할 침	侵略	侵犯
個	낱개 개	別個	個性
俱	함께 구	俱存	俱沒
倒	넘어질 도	倒産	倒置
修	닦을 수	修身	修養
假	거짓/임시 가	假名	假橋
偉	클 위	偉容	偉人
停	머무를 정	停會	停車
側	곁 측	側近	左側
偏	치우칠 편	偏愛	偏僻
傑	뛰어날 걸	豪傑	傑作
傍	곁 방	傍觀	傍助
僅	겨우/적을 근	僅僅	僅少
傲	거만할 오	傲慢	傲視
傳	전할 전	傳受	傳乘
僚	동료 료	同僚	官僚

像	형상 상	偶像	銅像
儀	거동 의	儀式	禮儀

2) 台 (별 태, 나 이)자와 합성되어 쓰이는 글자

胎	아이 밸 태	胎夢	胎名
颱	태풍 태	颱風	
殆	위태로울 태	危殆	殆半
怠	게으를 태	懶怠	怠慢
治	다스릴 치	政治	法治
始	처음 시	始作	始終
怡	기쁠 이	怡然	

3. 생활한자

得女	本貫	膝下	天倫	悖倫
四柱八字	運命	分娩	解産	産痛
出産休暇	襁褓	搖籃	幼稚	養育

4. 고사성어

1) 弄璋之慶(농장지경)

아들을 낳으면 손에 구슬을 쥐어주는 즐거움이라는 말로, 축하인사로도 쓰고 있다. 『시경(詩經)』「소아(小雅)」의 〈사간(斯干)〉 시 '아들을 낳으면 침상에 누이고 고까옷을 입혀 손에는 구슬을 쥐어 준다(乃生男子 載寢之牀 載衣之裳 載弄之璋(내생남자 재침지상 재의지상 재롱지장)' 입신양명(立身揚名)하기를 바라는 마음.

2) 弄瓦之慶(농와지경)

딸을 낳으면 맨바닥에 재우고 포대기를 두른 다음 손에 실패 장난감을 쥐어준다 唯酒食是儀

3) 靑出於藍(청출어람)

靑出於藍 靑於藍의 준 말. 제자나 후배가 선생이나 선배보다 나음을 비유적으로 이르는 말.

4) 尾生之信(미생지신)

미생의 믿음. 춘추시대 노(魯)나라에 미생(尾生)이라는 사람이 있었다. 그는 사랑하는 여자와 다리 아래에서 만나기로 약속하고 기다렸으나 여자가 오지 않자 소나기가 내려 물이 밀려와도 끝내 자리를 떠나지 않고 기다리다가 마침내 교각을 끌어안고 죽었다. 우직하여 융통성이 없이 약속만을 굳게 지킴을 비유적으로 이르는 말로 쓰인다. 유사한 말로 宋襄之仁이 있다.

제14강

의례

1.

유교 사회에서 인간이 태어나 죽을 때 까지, 혹은 죽은 이후에도 거치는 기본적인 통과의례로 관례, 혼례, 상례, 제례의 4가지 의례가 있다. 입학식이나 졸업식이 이전과 다른 생활로의 진입과 새로운 출발을 다짐하고 공표하기 위한 목적이 있는 것처럼 전통사회에서의 관혼상제도 비슷한 의미를 갖고 있다.

冠禮(관례)는 상투를 틀어 갓(冠巾)을 씌우는 의식을 중심으로 한 여러 가지 절차로서, 남자아이가 15세가 넘으면 관례를 행하고, 그 때부터 한 사람의 성인으로 대우하였다. 한편, 여자는 쪽을 찌고 비녀를 꽂아주는 의식으로서 계례(笄禮)를 행하였다. 婚禮(혼례)는 성인 남녀가 부부의 연을 맺기 위해 치르는 예식이다. 사람이 죽으면 일생을 마무리하는 상장례(喪葬禮)를 치렀고 사후 망자를 기념하기 위해 제례(祭禮)를 지냈다. 일제 강점기 때 단발령이 실시되면서 관례는 사라졌으며 예전의 혼례 절차는 전통혼례식에서 시행되고 있다. 상장례와 제례는 대폭 간소화되었고 종교에 따라 다른 방식으로 치러지기도 한다.

2. 관련 한자 익히기

1) 冖 (**민갓머리**)

冠	갓 관	月桂冠	戴冠式
冥	어두울 명	冥福	冥想

2) **女** (**계집 녀**)

두 손을 포개어 무릎 위에 얹고, 다소곳이 앉아있는 여인의 행상을 본뜬 글자. 여자와 관련된 명칭, 여자의 모양과 역할, 또는 여자를 비하하는 뜻.

嫂	형수 수	兄嫂	弟嫂
姨	이모 이	姨從	姨母
婿	사위 서	女婿	
姒	손위동서 사	睦娣姒	
姿	맵씨 자	姿態	芳姿
娛	즐거워할 오	娛樂	歡娛
媒	중매 매	媒介	高媒
威	위엄 위	威嚴	權威
嫌	싫어할 혐	嫌惡	嫌疑
嫁	시집갈 가	出嫁	嫁娶

3) 歹

살을 발라내고 남은 앙상한 뼈다귀의 모습이다. 죽음이나 재앙 따위의 의미를 지니는 글자들이다.

死	죽을 사	死因	客死
殃	재앙 앙	殃禍	殃及池魚
殆	위태로울/거의 태	危殆	殆半
殉	따라죽을 순	殉職	殉教
殊	다를 수	特殊	
殘	잔인할/나머지 잔	殘忍	殘餘

3. 생활한자

臨終	殞命	訃告	入棺	弔問
發靷	虞祭	小祥	大祥	四十九齊
喪主	葬禮式	樹木葬	火葬	忌日
時祭	祭需	祭祀	茶禮	

◆ 未練 : 練은 소상(小祥) 때 입는 상복(喪服). 소상이란 사람이 죽은 지 1년이 되었을 때 지내는 제사이다. 사람이 세상을 뜬 지 만1년이 지나지 않아 아직 연복을 입을 때가 되지 않았다는 말이다. 아직 1년이 되지 않았으면 죽은 사람에 대한 그리운 생각이 가시지 않고 남아 있다. 때문에 깨끗이 잊지 못하고 마음이 남아 있는 상태를 뜻한다. '미욱하다', '어리석다'는 뜻도 있다.

4. 고사성어

1) 天崩之痛(천붕지통)

하늘이 무너져내리는 고통. 임금이나 부모를 여읜 슬픔.

2) 喪明之通(상명지통)

밝음을 잃은 슬픔. 공자의 제자 자하(子夏)가 아들이 죽자 너무 슬퍼하여 울다가 실명했다는 고사에서 유래하여 자식을 잃은 슬픔을 뜻함. 西河之痛(서하지통)이라고도 함.

3) 鼓盆之痛(고분지통)

질그릇을 두드리는 슬픔. 장자의 아내가 죽었다는 소식을듣고 그의 친구 혜자(惠子)가 조문(弔問)을 갔다. 그런데 장자는 동이를 두드리며 노래를 부르고 있었다(鼓盆而歌). 혜자는 장자에게 부인이 죽었는데 슬퍼하지 않고 노래를 부르는 건 지나치다고 하였다. 장자는 "아내의 죽음에 금방은 슬펐지만 인간은 본래 생명이 없었고 형체도 기(氣)도 없었으며 나중에 기가 생기고 기가 유형으로 변하고 형체가 생명을 갖추었다가 죽음으로 바뀌게 되었으니 사계절의 변화와 같은 것이다. 아내가 죽은 뒤 천지 사이에서 편히 쉴 테니 통곡하면 천명에 통하지 못하므로 울음을 그치고 동이를 두드린다." 하였다. 이처럼 아내가 죽었을 때 동이를 두드리며 슬퍼한 장자의 고사에서 나온 말로 아내를 잃은 슬픔을 뜻한다.

4) 崩城之痛(붕성지통)

성이 무너질 정도의 큰 슬픔. 중국 진시황 때 제(齊) 나라의 범기량(范杞梁)이라는 사람이 만리장성을 쌓는 부역에 동원되어 갔는데 오래도록 소식이 없었다. 그의 아내 맹강녀(孟姜女)가 옷을 만들어 남편이 있는 곳에 이르렀는데 남편은 이미 죽은 뒤였다. 이에 맹강녀가 성 밑에서 곡을 하자 성이 무너져 범기량의 유해(遺骸)가 나타났다고 한다. '붕성지통'은 남편을 잃은 슬픔을 뜻한다.

5) 狐假虎威(호가호위)

여우가 호랑이의 위세를 빌림. 즉 남의 세력을 빌려 허세를 부리거나 자신의 권한 이상의 권력을 휘두르는 행위를 말한다. 특히 자신이 아무런 권력을 가지고 있지 않음에도 권력자의 총애를 등에 업고 날뛸 때 쓴다.

제15강

결혼

1.

부부는 두 성(姓)의 합함이니, 백성을 낳게 하는 시초이고 만복의 근원이라고 하였다. (夫婦는 二姓之合이라. 生民之始며 萬福之原이니) 남녀가 장성하면 반드시 혼인해야 한다(男女大須婚)고 하여 혼인은 선택이 아니라 필수라고 했으며 후손을 두지 않는 것이 가장 큰 불효(不孝莫大於無後)라고 하여 결혼해서 자손을 낳는 것이 부모에 대한 효를 다하는 것이라고도 하였다. 친척이 모이는 명절에 어른들이 결혼을 언제 할 것인지 묻는 것 때문에 젊은 세대와 갈등이 생기곤 하는데 아직 결혼이 선택이 아니라 의무라고 생각하는 세대 간의 의견 차이가 있기 때문이다. 하지만 여성 단체를 중심으로 '未婚'이라는 말 대신 '非婚'이라고 할 것을 주장하며 결혼은 개인의 선택이라는 인식으로 바뀌어 가고 있다.

1) '장가(丈家)들다'와 '시집(媤)가다'

우리나라의 전통적 혼인은 신랑이 신부 집에 가서 혼례를 치르고 신부 집에서 혼인생활을 시작하는 풍속이었다. 이를 남자가 여자 집에 의탁한다는 의미로 '남귀여가(男歸女家)' 혹은 '서류부가혼(壻留婦家婚)'이라고 하였다. 남자가 장인 장모의 집에 간다는 의미로 '장가가다' '장가들다'라는 말도 여기에서 나왔다. 이러한 혼인 풍속은 조선 중기 이후 남편의 집으로 여자가 간다는 '남가여귀(男家女歸)'로 바뀌면서 '시집가다'는 말이 쓰였다.

2) 부부의 緣을 맺어 주는 月下老人(월하노인)

중국 고대 전설에서 혼인을 관장하는 신으로서 '월노(月老)'라고도 부른다. 전설에 따르면 당나라 때 위고(韋固)라는 사람이 송성(宋城)에서 그를 만났을 때 월하노인이 그를 위해 붉은 실로 결혼할 대상을 가리켜주었는데, 실제로 나중에 위고는 월하노인의 말대로 상주자사(相州刺史) 왕진(王泰)의 딸과 결혼하게 되었었다고 한다. 이 때문에 후세에는 남녀가 부부로 맺어지는 것은 월하노인이 붉은 실로 두 사람을 묶어주었기 때문이라는 믿음이 생겨났다. 또 월하노인은 중매쟁이를 가리키는 뜻으로도 쓰인다.

월하노인, 홍콩 웡타이신 사원

2. 관련 한자 익히기

1) 石 (돌 석)

언덕(厂) 아래로 굴러 내린 돌의 형상을 본떠 만든 글자. 돌과 관련한 사람들의 행위나 동작을 나타냄.

硏	갈 연	硏究	硏修
破	깨뜨릴 파	破産	打破
硬	굳을 경	硬化	硬貨
硯	벼루 연	硯滴	紙筆硯墨
碑	비 비	碑文	墓碑
碧	푸를 벽	碧眼	桑田碧海
確	확실할 확	確定	正確
磨	갈 마	硏磨	磨滅

2) 巾 (수건 건)

빨래 줄에 늘어진 채 걸려있는 수건의 모습. 천과 관련한 뜻.

市	시장 시	市場	都市
布	베 포	布告	布石
希	바랄 희	希望	希求
帥	장수 수	元帥	將帥
師	스승 사	恩師	師弟
席	자리 석	座席	公席
帳	휘장 장	帳幕	帳簿

帶	띠 대	革帶	携帶
常	항상 상	常識	常備
幅	폭 폭	步幅	小幅
幕	장막 막	幕舍	字幕
幣	폐백 폐	幣物	貨幣

3). 皮 (가죽 피)와 합성 되어 쓰이는 글자

波 물결 파, 頗 자못 파, 跛 절뚝거릴 파는 모두 '파'로, 被 입을 피, 疲 지칠 피, 彼 저 피는 '피'로 읽는다.

3. 생활한자

戀愛	紹介	仲媒	獨身主義	婚期
相見禮	擇日	吉日	約婚	婚需
配偶者	伴侶者	披露宴	華燭	幣帛
蜜月旅行	新婚	破婚	離婚	卒婚

4. 고사성어

1) 比翼鳥連理枝(비익조연리지)

비익조(比翼鳥)라는 새와 연리지(連理枝)라는 나무를 합친 말이다. 이 말은 당나라 때 시인 백낙천(白樂天)이 지은 〈장한가(長恨歌)〉에 나온다. 서로 사랑하는 남녀가 영원히 헤어지지 않기를 바라는 소망이 담겨 있다. 비익조(比翼鳥)는 눈도 하나고, 날개도 하나뿐이니 전설상의 새이다. 암수 한 쌍이 한데 합쳐야만 양 옆을 제대로 볼 수 있고 날 수도 있다. 또 연리지(連理枝)의 리(理)는 '결'이란 뜻으로 나무결이 연결된 가지를 말한다. 뿌리가 서로 다른 나무가 허공에서 만나 한 가지로 합쳐진 나무이다.

5. 단문 읽기

糟糠之妻

所用群臣에 如宋弘[1]等은 皆重厚正直하더라. 上姊湖陽公主가 嘗寡居[2]하여 意在弘이라. 弘이 入見에 主坐屛後한데 上曰: "諺言[3]에 富易交하고 貴易妻라 하니 人情乎"아 한 대 弘曰: "貧賤之交는 不可忘이요 糟糠之妻는 不下堂[4]이라 하더이다."하니 上이 顧主曰: "事不諧[5]라"하다.

-『十八史略』

1 宋弘 : 후한 경조(京兆) 장안(長安) 사람. 자는 중자(仲子)다. 전한 애제(哀帝)와 평제(平帝) 때 시중(侍中)을 지냈다. 신망(新莽) 때 공공(共工, 少府)이 되었다. 광무제(光武帝)가 즉위하자 불려 태중대부(太中大夫)에 올랐다. 건무(建武) 2년(26) 대사공(大司空)으로 옮기고, 선평후(宣平侯)에 봉해졌다. 받은 봉록을 구족(九族)들에게 나눠주어 집에 가산을 남겨 두지 않아 청렴으로 명성을 떨쳤다.

2 寡居 : 과부로 지냄.

3 諺言 : 속담.

4 不下堂 : 집을 나가게 하지 않음.

5 事不諧 : 일이 제대로 안됨.

✔ 연습문제

조선 사회에서 사대부가 부부 간의 애정을 글로 드러내는 일이 금기시되었다. 하지만 대상이 죽었을 때는 슬픔과 그리움 등의 감정을 시와 산문으로 남겼다. 〈悼亡詩(도망시)〉는 아내가 죽었을 때 남편이 쓰는 시이다. 김정희(1786~1856)는 다음과 같은 도망시를 남겼다. 아내를 잃은 상실감이 어떻게 표현되었는지 살펴보자.

〈悼亡詩〉

那將月老訟冥府

來世夫妻易地爲

我死君生千里外

使君知我此心悲

제16강

가족

1.

'家'는 지붕과 두 벽면의 상형으로 집을 본뜻으로 하는 宀에 돼지가 있는 모양으로 이루어진 한자이다. '族'은 깃발과 화살을 그린 글자이다. 타부족과 전투가 벌어졌을 때 자신의 가족을 지키기 위해 힘을 합해 대항한 것이 가족이다. 예전의 가족은 大夫가 다스리는 領地(영지)안의 모든 백성을 가리켰으나 점점 가족의 범위가 축소되고 있다.

家父長制는 가장(家長)인 남성이 다른 가족구성원보다 강한 권한을 가지고 가족을 통솔하는 가족형태를 가리킨다. 이 때문에 여성에 대한 강요와 구속이라는 문제점이 발생하기도 한다. 한편 오늘날에는 남성의 여성에 대한 지배를 대변하는 용어로도 사용된다. 역사적으로 가장 강력한 가부장권은 고대 로마의 가부장제였던 것으로 알려져 있는데, 가장은 자녀에 대한 생살권·징계권·혼인과 이혼의 강제권 등을 지녔다고 한다. 가부장제는 가장과 가족구성원의 권한에 격차를 둠으로써 가장의 권위를 중심으로 집안의 질서를 엄격히 하며, 일반적으로 장남이 가장의 지위와 재산을 세습하게 된다.

2. 관련 한자 익히기

1) 宀(집 면)

집과 지붕 모양을 본뜬 글자.

定	정할 정	定員	定評	會者定離
宣	베풀 선	宣傳	宣布	
宜	마땅할 의	便宜店	宜當	
宿	잠잘 숙	寄宿舍	宿願	
守	지킬 수	守備	死守	
完	완전할 완	完決	完璧	
宗	으뜸 종	宗家	改宗	
宣	베풀 선	宣教	宣布	
害	병 해	損害	被害	
宴	잔치 연	宴會		
容	얼굴 용	容貌	許容	
寄	붙일 기	寄附	寄宿舍	
富	부유할 부	富貴	豊富	
察	살필 찰	洞察力	觀察	
寡	적을 과	寡人	衆寡不敵	
寧	편안할 녕	安寧	康寧	
寬	너그러울 관	寬容	寬待	
寶	보배 보	寶物船	寶石	

2) 方 (모 방)

물가에 대 놓은 배 모양, 혹은 땅을 파는 쟁기 모습.

方	모/방향/방법 방	方舟	北方	方便
於	어조사 어	靑出於藍		
施	베풀 시	施行	施惠	
旅	나그네 려	旅行	旅程	
族	겨레 족	族譜	民族	

3) 戈 (창 과)

창의 형상을 바탕으로 만든 글자. 전쟁과 관련된 뜻을 지님.

戒	경계할 계	警戒	戒嚴
或	혹 혹	或者	間或
戚	겨레 척	姻戚	親戚
戰	싸울 전	戰爭	休戰
戲	놀 희	戲弄	遊戲

3. 생활한자

行列	寸數	宗孫	宗婦	多文化家庭
和睦	名節	扶養	親戚	家長

4. 고사성어

1) 家和萬事成(가화만사성)

집안이 화목하면 모든 일이 잘 이루어진다. 가정의 화목은 가정을 다스리는 가장 핵심적인 요소이자 사회생활의 근본으로 중시되었다.

2) 死後藥方文(사후약방문)

죽은 다음에 약방문. 사람이 죽은 뒤에 약을 짓는다는 뜻으로, 일을 그르친 뒤에 방법을 제시해봐야 이미 늦었다는 말이다.

3) 墨守(묵수)

墨翟(묵적)이 성을 지켰다는 말로, 자기 의견이나 주장을 끝까지 굳게 지킨다는 뜻. 요즈음에는 낡은 관습과 태도를 끝내 견지하는 태도를 가리키기도 한다.

5. 단문 읽기

守株待兎

宋人有耕田者니라. 田中有株한데 兎走觸株하여 折頸而死라. 因釋其耒而守株하며 冀復得兎라가 兎不可復得하고 而身爲宋國笑하니라. 今欲以先王之政으로 治當世之民이 皆守株之類也라. (『韓非子』, 「五蠹」)

✔ 연습문제

『대학(大學)』에서 말하는 수신(修身)·제가(齊家)·치국(治國)·평천하(平天下)의 관계에 대해 생각해보자.

질병과 노화

1.

사람이 태어나서 늙고 병들어 죽는다는 것을 일컫는 '生老病死(생로병사)는 佛家에서 쓰인 말로서 인간이 반드시 겪어야만 하는 네 가지 고통을 의미한다. 이 세상에 태어난 이상 질병과 노화는 아무도 피해갈 수 없다. 하지만 삶의 질을 높이기 위해 자신의 몸을 관리하며 건강을 유지하기 위한 노력이 필요하다. 한편 우리나라는 노인 인구가 많은 高齡化(고령화) 사회에 진입하였다. 세대 간에 이해하고 소통하려는 자세가 요구되며 노후 생활에 대한 대비도 마련해야 한다.

2. 관련 한자 익히기

1) 疒 (병질 엄)

침상에 누워있는 병든 사람의 형상을 글자. 병과 관련한 뜻.

疾	병, 빠를 질	痔疾	疾風怒濤
病	병 병	看病	不治病

疫	돌림병 역	防疫	紅疫	
癖	버릇 벽	浪費癖	盜癖	放浪癖
癡	어리석을 치	癡呆	白痴	
痼	고질 고	痼疾		
痛	아플/슬플 통	腹痛	嗚呼痛哉	
症	증세 증	痛症	後遺症	
疲	지칠 피	疲困	疲勞	
痕	흉터 흔	傷痕	痕迹	
癌	암 암	大腸癌	胃癌	
療	병 고칠 료	診療	療養	
癒	병 나을 유	快癒	治癒	

2) 刀

칼로 베어 구분하는 동작이나 활동과 관련 깊은 뜻.

切	끊다/온통 절	一切	親切
分	나눌 분	分別	職分
刊	펴낼 간	刊行	月刊
刑	형벌 형	刑罰	求刑
別	다를/특별할 별	別味	區別
判	판단할 판	判斷	判定
初	처음 초	始初	初期
到	이를 도	到達	到來
制	억제할 제	規制	抑制

刷	인쇄할 쇄	別刷	印刷
刺	찌를 자/척	刺客	刺殺
刻	새길 각	刻削	板刻
則	곧 즉/법칙 칙	校則	窮則通
剛	굳셀 강	剛直	外柔內剛
副	버금 부	副食	副賞
割	쪼갤 할	分割	役割
創	비롯할 창	創作	創造
劍	칼 검	短劍	劍客

3) **老**(耂)

毛와 人과 匕의 결합자. 匕는 人자를 거꾸로 한 자형으로, 사람이 늙으면 허리는 굽고 두발은 허옇게 되어 그 모양이 바뀜을 뜻함.

老	늙을, 쇠할 로	老妄	老婆心
考	생각할 고	考慮	考査
耆	늙은이 기	耆老	耆耋
耄	늙은이 모	耄老	耄耋

◆ 耆老所(기로소) : 조선시대에 나이가 많은 문신(文臣)을 예우(禮遇)하기 위해 설치한 기구. 정식 명칭은 치사(致仕)기로소. 왕 및 조정 원로의 친목·연회 등을 주관하였으며, 영조 때 수직관(守直官) 2명, 서리(胥吏) 2명, 고직(庫職) 1명, 사령(使令) 44명, 군사(軍士) 1명을 두었는데, 수직관은 승문원(承文院)과 성균관에서 7품 이하의 관원이 차출되었다.

3. 생활한자

老衰	毒感	蓄膿症	恐惶障碍	憂鬱症
糖尿病	高血壓	腦卒中	肺炎	心筋硬塞
入院	通院治療	內科	外科	産婦人科
耳鼻咽喉科	齒科	消化器內科	整形外科	皮膚科
成形外科	韓醫院	補藥	老益壯	敬老優待
元老	高齡化	醫療保險		

4. 고사성어

1) 刻舟求劍(각주구검)

배에 새겨 칼을 찾는다는 뜻으로, 어리석고 미련해서 융통성이 없다는 의미이다.

2) 老馬之智(노마지지)

늙은 말의 지혜. 아무리 하찮은 것일지라도 저마다 장기(長技)나 장점을 지니고 있음을 이르는 말이다. 춘추시대 오패(五覇)의 한 사람이었던 제(齊)나라 환공(桓公)은 어느 해 봄 명재상 관중(管仲)과 대부(大夫) 습붕(隰朋)을 대동하고 고죽국(孤竹國)을 정벌하였다. 그런데 전쟁이 의외로 길어지는 바람에 그해 겨울에야 끝이 났다. 그래서 혹한 속에 지름길을 찾아 귀국하다가 길을 잃고 말았다. 군대가 진퇴양난(進退兩難)에 빠져 있을 때 관중은 "이럴 때 늙은 말의 지혜가 필요하다(老馬之智可用也)."며 즉시 늙은 말 한 마리를 풀어 놓았다. 그리고 군대가 그 뒤를 따라 행군한 지 얼마 안 되어 큰길이 나타났다. 또 한 번은 산길을 행군하다가 식수가 떨어져 군사들이 갈증에 시달렸다. 그러자 이번에는 습붕이 "개미란 원래 여름엔 산 북쪽에 집을 짓지만 겨울엔 산 남쪽 양지 바른 곳에 집을 짓고 산다. 흙이 한 치(寸)쯤 쌓인 개미집이 있으면 그 땅속 일곱 자쯤 되는 곳에 물이 있는 법이다."라고 하였다. 군사들이 산을 뒤져 개미집을 찾은 다음 그곳을 파 내려가자

과연 샘물이 솟아났다.

5. 옛글 읽기

〈看書癡傳(간서치전)〉

목멱산(木覓山 남산의 별칭) 아래 어떤 어리석은 사람이 살았는데, 어눌(語訥)하여 말을 잘하지 못하였으며, 성격이 졸렬하고 게을러 시무(時務)를 알지 못하고, 바둑이나 장기는 더욱 알지 못하였다. 남들이 욕을 하여도 변명하지 않고, 칭찬을 하여도 자긍(自矜)하지 않고 오직 책보는 것으로 즐거움을 삼아 추위나 더위나 배고픔을 전연 알지 못하였다.

어렸을 때부터 21세가 되기까지 일찍이 하루도 고서(古書)를 손에서 놓은 적이 없었다. 그의 방은 매우 적었다. 그러나 동창·남창·서창이 있어 동쪽 서쪽으로 해를 따라 밝은 데에서 책을 보았다. 보지 못한 책을 보면 문득 기뻐서 웃으니, 집안사람들은 그의 웃음을 보면 기이한 책(奇書)을 구한 것을 알았다.

자미(子美 두보(杜甫)의 자)의 오언율시(五言律詩)를 더욱 좋아하여 앓는 사람처럼 웅얼거리고, 깊이 생각하다가 심오한 뜻을 깨우치면 매우 기뻐서 일어나 주선(周旋 왔다 갔다 걸어다니는 것)하는데 그 소리가 마치 갈가마귀가 짖는 듯하였다. 혹은 조용히 아무 소리도 없이 눈을 크게 뜨고 멀거니 보기도 하고, 혹은 꿈꾸는 사람처럼 혼자서 중얼거리기도 하니, 사람들이 지목하여 간서치(看書痴 책만 보는 바보)라 하여도 웃으며 받아들였다.

그의 전기(傳記)를 써 주는 사람이 없기에 붓을 들어 그 일을 써서 '간서치전(看書痴傳)'을 만들고 그의 성명은 기록하지 않는다. (이덕무, 『청장관전서』 제4권)

교육과 독서

1.

성악설을 주장한 荀子(순자)는 배움(學)과 가르침(敎育)에 따라 사람이 착한 일을 할 수 있게 되고 군자가 될 수 있다고 하였다. 순자는 악한 본성을 바꿀 수 있을 정도로 가르쳐야 한다고 하며 누구보다 교육의 중요성을 강조하였다. 제자가 스승보다 낫다는 '青出於藍(청출어람)'이란 말도 순자가 교육을 강조한 데서 유래한 말이다.

전통 사회에서 자녀를 교육하는 주체는 스승뿐만 아니라 부모를 비롯하여 집안의 어른이었다. 그래서 집집마다 가정교육을 중시했고 글자 공부와 인성 교육을 함께 하였다. 집안의 자녀에게 가훈서와 여훈서 등을 써서 경계해야 할 일을 가르치기도 했다. 양반 남성은 일정 나이가 되면 서당, 향교, 서원 등에 나가 본격적으로 과거 공부를 하거나 독서를 통해 식견을 쌓았다.

2. 관련 한자 익히기

1) 攴(攵) (**두드릴 복**)

손에 들고 있는 나뭇가지로 무언가를 두드린다는 의미. 사람들에게 억지로 무언가를 시킨다는 의미 내포.

收	거둘 수	秋收	收入
改	고칠 개	改過	改善
攻	칠 공	速攻	攻守
放	놓을 방	放學	開放
政	정사 정	政治	政見
故	까닭 고	故意	無故
效	본받을 효	效果	無效
敏	민첩할 민	敏感	過敏
救	구원할 구	救援	救國
教	가르칠 교	教授	宗教
敍	차례/쓸 서	敍述	自敍傳
敗	패할 패	敗北	勝敗
敢	감히/용맹할 감	焉敢生心	勇敢
敦	도타울 돈	敦篤	敦厚
敬	공경할 경	恭敬	尊敬
敵	원수/맞설 적	敵軍	對敵
數	셀 수/자주 삭	數字	數飛
整	가지런히할 정	整理	端整

2) 言 (말씀 언)

입의 형상을 본떠 만든 글자. 인간의 언어활동과 밀접한 관련.

訓	가르칠 훈	校訓	教訓
記	적을 기	筆記	記念
訟	송사할 송	訴訟	訟事
設	베풀 설	設計	新設
許	허락할 허	許諾	許可
詐	속일 사	詐欺	詐稱
評	품평할 평	批評	評論
試	시험할 시	試驗	入試
詩	시 시	詩人	詩想
認	알 인	認識	認定
誘	꾈 유	誘惑	誘引
語	말할 어	語感	主語
誠	정성 성	精誠	至誠
讀	읽다, 풀다 독	讀經	讀音
說	말씀 설	說明	論說
談	이야기 담	談話	會談
請	청할 청	懇請	請婚
諒	믿을 량	諒解	諒知
謙	겸손할 겸	謙遜	謙辭
講	강의할 강	講義	休講
謝	사례할 사	感謝	謝恩

謹	삼갈 근	謹愼	謹弔
變	변할 변	變化	逢變

3) 曰 (가로 왈)

말을 하기 위해 벌린 입의 모양을 본떠 만든 글자.

曲	굽을/악곡 곡	曲調	歪曲
更	다시/고칠 경	更新	更生
最	가장 최	最短	最善
曾	일찍/거듭 증	曾孫	曾祖
書	쓰다, 글, 문자 서	書冊	書店
替	바꿀 체	交替	代替
會	모을 회	面會	社會

◆ 經史子集(경사자집) : 동양 도서분류법의 하나로 경부(經部) · 사부(史部) · 자부(子部) · 집부(集部)의 준말이며, 동양의 전통적인 사부분류법(四部分類法)을 뜻한다. 경부(經部)에는 사서오경(四書五經)인 유교경전의 원문을 비롯하여 주석서와 연구서, 사부(史部)에는 일반사서(一般史書)를 비롯한 정서류(政書類)들이 속한다. 자부(子部)에는 제자백가서(諸子百家書)를 비롯하여 농가 · 술수 · 보록(譜錄) · 역학(譯學) · 유서(類書)등이 포함된다. 집부(集部)에는 한시문(漢詩文)의 총집과 별집류를 비롯하여 시문을 특정 형식별로 모은 것들이 포함된다.

3. 생활한자

受業	講義	公教育	家庭教育	再教育
平生教育	高等教育	人性教育	修能	入試

4. 모양이 비슷한 한자

書 : 書信	大書特筆
晝 : 晝耕夜讀	白晝
畵 : 壁畵	畵蛇添足
甲 : 同甲	甲乙
申 : 申告	申聞鼓
由 : 理由	由來
戀 : 戀愛	邪戀
變 : 變化	變遷史
欒 : 團欒	

5. 寺가 다른 글자와 합성하여 여러 가지 음으로 소리 난다.

侍	모실 시	侍從	侍女
待	기다릴/대접할 대	寬待	待命
持	가질지	持續	維持
時	때 시	時刻	時期
恃	믿을 시	依恃	
特	특별할 특	特別	特徵

6. 고사성어

1) 讀書三到(독서삼도)

주자가 말한 책을 읽는 세 가지 방법. 눈으로 보고(眼到), 입으로 소리 내어 읽고(口到), 마음으로 얻는 것(心到). 이 중에서 제일 중요한 것은 심도라고 한다. 讀書有三到 心到眼到口到

2) 識字憂患(식자우환)

글자를 아는 것이 도리어 근심이 된다. 학식이 있는 것이 오히려 근심을 사게 된다는 뜻.

3) 韋編三絶(위편삼절)

공자가 만년(晩年)에 주역을 읽는데 하도 여러 번 읽어서 대쪽을 엮어 만든 끈이 3번이나 끊어졌다. 책을 열심히 읽음을 의미한다.

4) **教學相長(교학상장)**

가르치고 배우면서 서로 성장함. 남을 가르치는 일과 스승에게서 배우는 일이 함께 실행되는 가운데 자신의 학업이 향상된다는 말. (學然後知不足, 教然後知困.)

–『禮記』「學記」

7. 단문 읽기

○ 君子曰: 學不可以已. 青取之於藍, 而青於藍, 冰水爲之, 而寒於水. 木直中繩, 輮以爲輪, 其曲中規, 雖有槁暴, 不復挺者, 輮使之然也. 故木受繩則直, 金就礪則利, 君子博學而日參省乎己, 則知明而行無過矣. 故不登高山, 不知天之高也; 不臨深谿, 不知地之厚也; 不聞先王之遺言, 不知學問之大也. 干越夷貉之子, 生而同聲, 長而異俗, 教使之然也. 詩曰 : 嗟爾君子, 無恒安息. 靖共爾位, 好是正直. 神之聽之, 介爾景福. 神莫大於化道, 福莫長於無禍. (『荀子』, 「勸學」 第一)

윤덕희, 독서하는 여인(서울대학교 박물관)

제19강

학문

1. 學問과 관련된 구절을 통해 학문하는 자세와 태도 등에 대해 알아보자.

1) 子曰, 學而時習之, 不亦說乎? 有朋自遠方來, 不亦樂乎? 人不知不慍, 不亦君子乎?

2) 子曰, 學而不思則罔[1], 思而不學則殆[2].

3) 子曰, 知之爲知之, 不知爲不知, 是知也.

4) 子曰, 知之者不如好之者, 好之者不如樂之者.

5) 子曰, 古之學者爲己, 今之學者爲人.

6) 子曰, 吾終日不食, 終夜不寢以思, 無益, 不如學也.

7) 一日不讀書, 口中生荊棘.

---

1 罔(망) : 도리에 어두워 얻는 것이 없다. (昏而無得)

2 殆(태) : 위태롭고 불안하다. (危而不安)

〈**勸學文**〉

勿謂今日不學而有來日

勿謂今年不學而有來年

日月逝矣歲不我延

嗚呼老矣是誰之愆

少年易老學難成

一寸光陰不可輕

未覺池塘春草夢

階前梧葉已秋聲

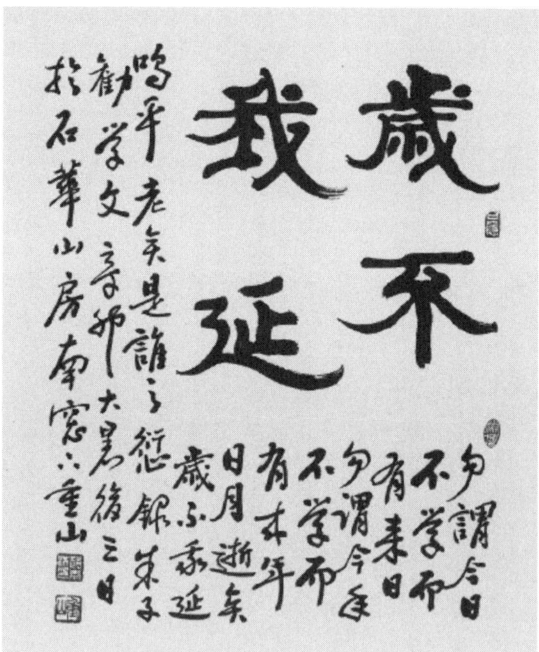

2. 관련 한자 익히기

1) 門 (문 문)

좌우로 열린 두 개의 문짝을 상형한 글자.

閉	닫을 폐	閉會	開閉
閏	윤달 윤	閏年	閏月
閑	한가할 한	忙中閑	農閑期
閨	협문 규	閨房歌詞	閨秀
閱	검열할 열	檢閱	閱覽
關	빗장 관	關聯	難關

2) 力 (힘 력)

힘을 들여 어떤 일을 한다는 뜻. 인간의 노력과 관련.

加	더할 가	加減	增價
功	공 공	功臣	成功
助	도울 조	協助	相扶相助
努	힘쓸 노	努力	
勉	힘쓸 면	勉學	勸勉
勇	날랠 용	勇敢	勇氣
務	힘쓸 무	任務	公務
勞	수고로울 로	勞苦	勞動
勝	이길/나을 승	勝敗	才勝德
勤	부지런할 근	勤勉	出勤

募	모을 모	募集	公募
勢	형세 세	勢力	權勢
勸	권할 권	勸酒	强勸
勵	힘쓸 려	獎勵	激勵

3. 생활한자

學習	研究	論文	碩士	博士
博學多識	寡聞淺識	勉學	人文學	社會科學
理科	工學	法學	藝術學	哲學

4. 고사성어

1) 邯鄲學步(한단학보)

《莊子(장자)》 秋水篇(추수편)에 나오는 이야기에서 생겨난 말이다. 莊子(장자)의 선배인 魏牟(위모)와 名家(명가)인 公孫龍(공손룡)과의 문답 형식으로 된 이야기 가운데, 위모가 공손룡을 보고 이렇게 말했다. "당신은 水陵(수릉)의 젊은 사람이 趙(조)나라 서울 한단으로 걸음걸이를 배우러 갔던 이야기를 알고 계시겠지. 그 젊은 사람은 아직 조나라 걸음걸이를 다 배우기도 전에 원래 걷고 있던 걸음걸이마저 잊고 설설 기며 겨우 고향으로 돌아갔다지 않는가?" 燕(연)나라의 한 소년이 조나라의 서울 한단에 가서 우아한 걸음걸이를 보고 배웠으나 완전하게 배우지 못하고 돌아와 자기 고향의 걸음걸이도 잊고 제대로 걸을 수 없었다는 말이다. 조나라는 큰 나라, 연나라는 작은 나라다. 한단은 대도시이고, 수릉은 연나라의 수도이며 자그마한 도시라고 할 수 있다.자기의 근본도 잊고 남의 흉내를 내는 어리석음을 경계하는 말이다. '邯鄲之步(한단지보)'라고도 한다.

2) 後生可畏(후생가외)

後生(후생)은 뒤에 난 사람, 즉 자기보다 나이가 어린 사람을 말한다. 後生可畏(후생가외)라는 말은 이제 자라나는 어린 사람이나, 修養(수양) 과정에 있는 젊은 사람들이 두렵다는 말이다. 이 말은『論語(논어)』「子罕篇(자한편)」에 있는 孔子(공자)의 말씀이다. 두렵다는 것은 무섭다는 뜻이 아니고 尊敬(존경)한다는 뜻이 있다. "뒤에 난 사람이 두렵다. 어떻게 앞으로 오는 사람들이 지금만 못할 줄을 알 수 있겠는가. 나이 4, 50이 되었는데도 이렇다 할 이름이 알려져 있지 않는 사람은 별로 두려워할 것이 못 된다." 공자의 이 말은 공자보다 서른 살이 아래인 顔子(안자)의 재주와 덕을 칭찬해서 한 말이라고도 한다. 顔子(안자)는 顔淵(안연)이다.

3) 不恥下問(불치하문)

아랫사람에게 묻는 것을 결코 부끄럽게 여기지 않는다는 말로, 아무리 지위가 낮거나 못난 사람이라 할지라도 자기가 모르는 것을 알고 있을 수 있으니, 자신이 모르는 것을 묻는 것은 신분이나 지위가 높고 낮음을 가리지 않고 부끄러울 것이 없다는 뜻이다

4) 手不釋卷(수불석권)

손에서 책을 놓지 않다. 매우 열심히 공부함을 의미한다.

5) 切磋琢磨(절차탁마)

옥돌을 칼로 자르고 줄로 쓸고 망치로 쪼고 숫돌로 간다는 뜻으로, 학문이나 인격을 갈고 닦음을 비유하는 말이다.

6) 螢雪之功(형설지공)

晋의車胤은 字가 武子라. 幼에 恭勤博覽이러니 家貧하여 不常得油라. 夏月에以練囊으로 盛數十螢火하여 照書讀之하며 以夜繼日이러니 後에 官至尙書郎하니라. 今

人以書窓爲螢窓은 由此也라.

晋의 孫康은 小淸介하여 交游不雜이나 家貧無油하여 嘗映雪讀書러니 後에 官至御史大하니라.今人以書案爲雪案은由此也라. -『蒙求』

5. 단문 읽기

人生斯世에 非學問이면 無以爲人이니 所謂學問者는 亦非異常別件物事也라.

只是爲父當慈하고, 爲子當孝하고, 爲臣當忠하고, 爲夫婦當別하고, 爲兄弟當友하고, 爲少者當敬長하고, 爲朋友當有信이니 皆於日用動靜之間에 隨事各得其當而已요 非馳心玄妙하여 希覬奇效者也니라. (『擊蒙要訣』)

김홍도, 서당(국립중앙박물관)

제20강

직업과 여가생활

1.

취업을 준비하는 사람들은 자신의 적성과 보람, 성장 가능성, 보수 등을 고려해 신중하게 직업을 선택해야 한다. 취업 후에는 동료를 비롯한 상사와 원만한 관계를 유지하기 위해 애써야 하고 조직 생활에 잘 적응하기 위해 노력해야 한다. 일도 중요하지만 삶의 조화로운 균형을 위해 충분한 휴식과 여가 생활도 필요하다. 자신에게 맞는 취미 활동을 통해 에너지를 재충전하면 활기를 되찾고 일의 능률도 올릴 수 있을 것이다.

2. 관련 한자 익히기

1) 耳 (귀 이)

귀의 형상을 본떠 만든 글자로 귀의 기능과 관련.

聖	성인 성	聖人	詩聖
聘	부를/장가들 빙	招聘	聘禮
聞	들을 문	所聞	見聞
聯	잇닿을 연	聯立	聯作

聰	귀밝을 총	聰明	聰氣
聲	소리 성	名聲	音聲
職	벼슬/일 직	職僚	求職
聽	들을 청	聽覺	聽衆
聾	귀머거리 롱	聾啞	耳聾症

2) 貝 (조개 패)

조개의 모습을 뒤에서 그린 글자. 화폐가 없던 시절에 조개껍질을 화폐로 사용하였기 때문에 화폐나 보배와 관련한 뜻.

貞	곧을 정	貞操	貞節
負	질 부	負擔	勝負
財	재물 재	財貨	文化財
貢	바칠 공	貢獻	貢女
販	팔 판	販促	街販
貧	가난할 빈	貧富	貧血
貨	재화 화	貨幣	百貨店
貪	탐할 탐	貪慾	食貪
貫	꿸 관	貫徹	始終一貫
責	책임/꾸짖을 책	責任	叱責
貯	쌓을 저	貯蓄	貯金
買	살 매	賣買	購買
貸	빌릴 대	貸與	賃貸
費	쓸 비	費用	消費

貿	바꿀 무	貿易	
賀	하례 하	賀客	祝賀
賊	도적 적	盜賊	逆賊
資	바탕 자	資本	物資
賓	손님 빈	貴賓	接賓客
賜	줄 사	賜藥	下賜
賤	천할 천	賤待	賤視
賦	부세/줄 부	賦役	割賦
賞	상 줄/감상할 상	鑑賞	賞罰
賢	어질 현	賢明	聖賢
質	바탕 질	質朴	性質
賴	의뢰할 뢰	信賴	無賴漢
贈	줄 증	贈與	贈呈
贊	도울 찬	贊成	協贊

3) 禾 (벼 화)

이삭을 축 늘어뜨리고 있는 벼의 형상. 곡식의 종류나 곡식과 관련한 사람들의 행위.

秀	빼어날 수	秀才	優秀
私	사사로울 사	私學	公私
科	과목 과	學科	科擧
秩	차례 질	秩序	
移	옮길 이	移徙	轉移
稅	세금 세	稅金	納稅

穀	곡식 곡	穀食	五穀
積	쌓을 적	積立	過積
穫	벼 확	收穫	

3. 생활한자

履歷書	適性	就業	入社	退社
停年	月給	年俸	資格證	言論人
金融人	硏究員	畵家	作家	演藝人
會社員	敎師	敎授	仲介人	醫師
公務員	法曹人	探險家	調香士	講士
大企業	中小企業	雇用	解雇	充電
旅行	映畵	休息	連休	趣味

4. 고사성어

1) 耳懸鈴鼻懸鈴(이현령비현령)

귀에 걸면 귀걸이, 코에 걸면 코걸이라는 말로 이렇게도 저렇게도 될 수 있음을 비유하는 말

2) 耳視目聽(이시목청)

귀로 보고 눈으로 듣다. 직접 보지 않고서도 소문만 듣고서 알아차리며 직접 듣지 않고서도 말하는 표정만 보고 알아차릴 정도로 눈치가 빠르고 총명한 사람을 비유함. 또는 도를 깊이 깨우친 사람을 비유하기도 한다.『列子』

3) 移木之信(이목지신)

나무를 옮겨 심는 믿음이라는 뜻으로 남을 속이지 않고 약속을 반드시 지킨다는 뜻. 춘추전국시대 진(秦)의 효공(孝公)때 상앙(商鞅)이라는 재상이 있었다. 상앙은 부국강병을 위한 법률을 만들어 놓고 백성들로 하여금 이를 지키게 하기 위해 계책을 세웠다. 상앙은 3丈(약 9m) 높이의 나무를 남문 저잣거리에 세우고 "이 나무를 북문으로 옮기는 사람에게 십 금(十金)을 주겠다."라고 말했다. 그러나 아무도 옮기려는 사람이 없었다. 상앙은 다시 오십 금을 주겠다고 하였다. 이번에는 어떤 한 사람이 별 기대 없이 나무를 옮기자 상앙은 즉시 오십 금을 주었다. 이 소식을 들은 사람들은 나라가 백성을 속이지 않는다는 것을 알게 되었고 상앙은 비로소 새로운 법을 공포하여 기강을 바로 잡아 진 나라를 강국의 자리에 오르게 했다. 동의어는 사목지신(徙木之信), 반대말은 식언(食言)이다.

4) 愚公移山(우공이산)

우공이 산을 옮기다. 불가능해 보이는 일도 포기하지 않고 끝까지 하면 성공할 수 있음.

5) 積善之家 必有餘慶(적선지가 필유여경)

선한 쌓은 집안은 반드시 남는 경사가 있다는 뜻으로, 좋은 일을 많이 하면 후손들에게까지 복이 미친다는 말이다. 적선여경(積善餘慶)이라고도 한다. 반면에, '악을 쌓은 집안에는 반드시 남는 재앙이 있다(積惡之家 必有餘殃)'고 하여 나쁜 일을 많이 하면 자손이 화를 입는다는 말이 있다.

5. 단문 읽기

居天下之廣居[1], 立天下之正位[2], 行天下之大道[3], 得志, 與民由之, 不得志, 獨行其道. 富貴不能淫, 貧賤不能移, 威武不能屈, 此之謂大丈夫. (『孟子』「滕文公」下)

1 廣居(광거) : 仁을 말함.

2 正位(정위) : 禮를 말함.

3 大道(대도) : 義를 말함.

언어예절

1.

서양에서는 이모와 옆집 아주머니, 친구의 어머니를 부르는 호칭이 모두 똑같다. 이모부와 옆집 아저씨, 친구의 아버지도 마찬가지이다. 그에 비해 우리말에서 호칭은 세분화 되어 있다. 하지만 왕래가 드물고 자주 만나지 못하다보니 호칭을 사용할 기회가 별로 없다. 그래서 집안 행사에서 소개 받은 堂叔(당숙)은 나와 어떤 관계인지, 사촌 누나의 남편을 무엇이라고 불러야 할지 몰라 난처했던 경험들이 한 두 번 쯤 있을 것이다. 姻戚(인척) 관계의 경우 나이보다 서열을 중시하고, 시가와 처가를 차별하여 호칭을 부르게 했다. 이에 성차별적 호칭을 바꾸어야 한다는 문제도 제기되고 있다. 이러한 문제는 가정마다 나이와 서열을 고려하여 적절한 호칭을 합의하여 해결하면 될 것으로 보인다. 호칭을 바꾸는 문제와 별개로 옛 글에 등장하는 가족 관계에 대한 한자어와 호칭을 알면 글을 이해하는데 도움이 된다.

✔ 다음은 가족 간의 관계를 나타내는 단어들이다. 누구를 지칭하는지 알아보자.

父母	子息	祖父母
祖孫	夫婦	姑婦
舅婦	女壻	丈人
聘父	丈母	外姑
聘母	聘丈	査頓
媤家	妻家	弟嫂
兄嫂	姨母	姑母
外叔	堂叔	妻兄
妻弟	妻男	妹夫
妹弟	姊兄	

2. 관련 한자 익히기

1) 示 (보일 시)

신에게 희생을 바치는 제단의 모양을 본뜬 상형문자. 신이나 귀신 또는 제사 등을 의미.

示	보일, 땅귀신 시	示威	示唆
祭	제사 제	祭祀	祝祭
神	귀신 신	失神	神奇
祿	녹, 복 록	福祿	祿俸
禮	예도 례	禮節	賀禮
福	복, 돕다 복	吉凶禍福	飮福
祝	빌 축	祝賀	祝杯

祈	빌 기	祈禱	祈福信仰
禁	금할 금	禁忌	禁煙
祥	상서로울 상	千祥雲集	不祥事

◆ 宗廟社稷 : 종묘와 사직. 종묘는 역대 임금과 왕비의 위패를 모시던 왕실의 사당. 사직은 토지의 신과 곡식의 신을 가리킨다. 왕실과 나라를 통틀어 비유적으로 표현하는 말이다.

2) 竹 (대 죽)

가지런히 서 있는 두 줄기 대나무를 본 떠 만든 글자.

笑	웃을 소	冷笑	笑話
符	증거 부	符號	符合
第	차례 제	第一	登第
筆	붓 필	隨筆	筆禍
等	무리 등	等級	均等
答	대답할 답	報答	答案
策	꾀 책	計策	妙策
算	셈할 산	暗算	算數
管	관 관	管理	管絃樂
範	법 범	規範	示範
篇	책 편	長篇	全篇
築	쌓을 축	建築	改築
篤	도타울 독	篤學	敦篤

簿 장부 부 名簿 帳簿

籍 문서 적 戶籍 在籍

3. 생활한자

辛辣	言語道斷	自畵自讚	橫說竪說	長廣舌
野壇法席	似而非	爛商討議	閣下	足下
貴下	令監			

✔ 가족의 호칭

구분	自己		他人	
	산 사람	죽은 사람	산 사람	죽은 사람
아버지	家親 嚴親 父主	先親 先考 先父君	春府丈 春堂 大人	先大人 先考丈 先丈
어머니	慈親 母親 母主	先妣 先慈	慈堂 大夫人 萱堂	先夫人 先大夫人
아들	家兒 豚兒 家豚	亡子	令郎 令息	
딸	女息	亡女	令愛 令孃	
아내	內子 室人	亡室	令夫人 令室	

✔ 연습문제

삼국지에서 유래한 고사성어에 대해 알아보자.

桃園結義(도원결의)

三顧草廬(삼고초려)

望梅解渴(망매해갈)

鷄肋(계륵)

反骨(반골)

4. 옛 글 읽기

돌아가신 어머니 정경부인 행장(先妣貞敬夫人行狀)

김만중[1]

서포 김만중이 쓴 어머니 윤씨 행장으로 어머니에 관한 행장 중의 대표적인 작품으로 꼽힌다. 서포의 아버지는 병자호란 당시 강화도에서 20대의 나이로 순절하여, 어머니 윤씨가 평생 과부로 살며 만기, 만중 두 아들을 공부시켜 학자로 성장시켰다. 서포는 어머니의 일대기를 자세하고 풍부하게 서술하고 있어 행장이 갖는 전기문학적 성격을 충분하게 구현하고 있다.

어머님 성은 윤씨(尹氏)로 본관이 선산군(善山郡)의 해평(海平)에서 나왔다. 고조 할아버지의 이름은 두수(斗壽)로 영의정에 해원부원군(海原府院君)으로 시호는 문정(文靖)이었고, 증조할아버지의 이름은 방(昉)이며 영의정으로 시호는 문익(文翼)이니, 이 두 분은 공덕이 있었으며 어진 정승이라는 칭호를 잇달아 들었다. 할아버지의 이름은 신지(新之)로, 선조(宣祖)의 따님인 정혜옹주(貞惠翁主)에게 장가들어 해숭위(海嵩尉)에 봉해졌으며, 글을 잘해서 세상에 이름을 날렸고 시호는 문목(文穆)이다. 아버지의 이름은 지로 인조 때의 이름난 신하로 벼슬은 이조참판에 이르렀다. 어머니는 정부인 남양 홍씨로 경기감사를 지낸 명원(命元)의 따님이다.

---

1 김만중(金萬重) : 본관은 광산(光山). 자 중숙(重叔). 호 서포(西浦). 시호 문효(文孝). 1665년(현종 6) 정시문과(庭試文科)에 장원, 정언(正言)·지평(持平)·수찬(修撰)·교리(校理)를 거쳐 1671년(현종 12) 암행어사(暗行御史)가 되어 경기·삼남(三南)의 진정(賑政)을 조사하였다. 1685년 홍문관대제학, 이듬해 지경연사(知經筵事)로 있으면서 김수항(金壽恒)이 아들 창협(昌協)의 비위(非違)까지 도맡아 처벌되는 것이 부당하다고 상소했다가 선천(宣川)에 유배되었으나 1688년 방환(放還)되었다. 이듬해 박진규(朴鎭圭)·이윤수(李允修) 등의 탄핵으로 다시 남해(南海)에 유배되어 여기서《구운몽(九雲夢)》을 집필한 뒤 병사하였다. 1698년(숙종 24) 관직이 복구되고 1706년(숙종 32) 효행에 대해 정표(旌表)가 내려졌다. 저서에《구운몽》《사씨남정기(謝氏南征記)》《서포만필(西浦漫筆)》《서포집(西浦集)》《고시선(古詩選)》 등이 있다.

아버지 참판공은 다른 자녀가 없었고 정혜옹주도 다른 손자가 없이 오직 우리 어머니 한 분뿐이었다. 때문에 옹주께서 몸소 어머님을 안고 길러 주셨다. 입으로 『소학(小學)』의 글을 가르쳐 주셨는데, 어머님은 어려서부터 지혜가 있고 총명하셔서 한 번만 가르쳐주면 바로 입으로 따라 하셨으니 옹주께서는 항상, "아깝다, 여자로 태어난 것이!"라고 하셨다. 점점 자람에 따라 의복이나 음식은 넉넉하고 사치스럽게 해주시지 않으며,

"다음에 가난한 선비의 아내가 된다면 어떻게 이처럼 오래도록 견딜 수 있겠느냐?"
라고 하셨다. 우리 아버지에게 시집오실 때에는 훈계하시기를,

"너의 집안은 예법의 가문이다. 혹시라도 부인의 도리에 어긋나 나를 부끄럽게 해서는 안 된다."
라고 하셨다. 그 훈계하고 깨우쳐 주심이 그러했기 때문에 어머님은 그 때의 나이 14세였으나 남편 가족들로부터 큰 칭찬을 받을 수 있었다.

인조 15년(1637)의 정축호란에 우리 아버지가[2] 강화도에서 순절하시자 어머님은 마침 임신 중이시고 산월이던 때인데, 친정어머니 홍부인께서 임시로 계시던 포구에 함께 있다가 배를 얻어 탈 수 있어서 재앙을 벗어나셨다. 그 때 돌아가신 나의 형님[3]이 겨우 5세이고 불초 만중(萬重)은 뱃속에서 아직 나오지 못한 때였다. 난리가 진정되자 두 고아를 이끌고 부모의 슬하로 의지하러 돌아오셔, 안으로는 홍부인을 좌우로 보살펴 드리며 집안 살림을 처리해 가셨고, 밖으로는 아버지 참판공을 봉양하시며 옛날의 효자처럼 뜻에 맞게 받들었었다. 겨를이 있을 때마다 경서나 역사책을 읽으시며 스스로 즐기시니 날마다 식견이 밝고 넓어지셨다. 이렇게 되자 참판공은 아들 없는 슬픔을 거의 잊으셨고, 친정 할아버지 문목공께서도 탄식하시기를,

"내 손녀와 함께 이야기를 할 때마다 마음과 가슴이 활짝 열리는 느낌을 갖게 되니, 만일 사내아이라면 어찌 우리 집안의 한 사람 대제학(大提學)이 아니겠느냐?"

---

2 김익겸(金益兼) : 자 여남(汝南). 시호 충정(忠正). 1635년(인조 13) 생원이 되었다. 병자호란이 일어나 청나라에게 남한산성이 포위되자, 강화로 가서 성을 지키다가 함락되기 직전에 김상용(金尙容)을 따라 남문(南門)에 올라가 분신 자결하였다.

3 김만기(金萬基) : 자는 영숙(永淑). 호 서석(瑞石)·정관재(靜觀齋), 시호는 문충(文忠)이다. 인경왕후(仁敬王后)의 아버지인 숙부 익희(益熙)에게서 수학하고 송시열(宋時烈)의 문인이 되었다.

라고 하셨다.

… 中略 …

불초한 우리 형제는 어려서 바깥의 스승이 없이 공부하였는데, 『소학(小學)』이나 『당시(唐詩)』와 같은 종류의 책들은 어머님께서 손수 가르쳐 주셨다. 어머님은 비록 자애로움이 남다르셨지만 공부의 과정을 독려하심에는 매우 엄격하셨다. 항상 말하기를,

"너희들은 다른 사람들과 비교되지 않는다. 뒷날에 재주와 학문이 남보다는 반드시 한 등급을 넘어야 한다. 그래야 겨우 일반 사람의 대열에 낄 수가 있다. 사람들이 행실이 없는 사람을 욕하면서 '과부의 자식'이라고 꼭 말하는데, 이 말을 너희들은 의당 뼈에 새겨두어야 한다."

라고 하고, 불초 형제들에게 잘못이 있으면 반드시 몸소 회초리를 잡아 때리고 울면서 말씀하셨다.

"너희 아버지가 너희 형제를 나에게 맡기시고 돌아가셨는데, 너희들이 지금 이와 같은 행동을 한다면 내가 어떻게 지하에 가서 네 아버지 얼굴을 대면하겠느냐? 제때에 배우지 않고 사는 것은 빨리 죽는 것보다 못하다."

그 분의 말씀이 애통하고 간절함은 이와 같았다.

돌아가신 형님(김만기)의 글 솜씨는 비록 본래의 자질에서 나왔다 하더라도, 그 분의 문예와 학업이 일찍 이루어졌음은 어머님께서 격려해 주신 힘이 차지하는 부분이 많았다. 나(만중)와 같은 어리석고 우둔하여 스스로 포기해버린 사람은 어머님이 가르쳐 주지 않으셨다면 오늘날에 이르지 못했을 것이다.

그 때는 난리를 겪은 지 오래되지 않아, 애를 써도 서적을 구하기가 어려웠다. 『맹자』, 『중용』과 같은 여러 책들은 대부분 어머니께서 곡식을 주고 바꾸셨다. 『춘추좌씨전(春秋左氏傳)』을 팔려는 사람이 있었는데 형님이 그 책에 매우 애착을 느꼈으나 책의 권질이 많은 것을 보고 감히 가격도 물어보지 못했는데, 어머님께서 곧장 베틀의 명주 베를 잘라서 그 책의 값으로 지불하셨으니 이것 아니고는 정말로 다른 재물이 없어서였다. 또 이웃집 사람 중에 홍문관(弘文館)의 아전이 된 사람에게 부탁하여 홍문관의 사서(四書)와 『시경언해(詩經諺解)』를 빌려오게 하여 모두를 손수 베끼셨다. 글자의 체가 구슬을 꿰어놓은

듯 정밀하고 세밀하여 획 하나라도 소홀함이 없었다.

… 中略 …

어머니가 전에 요즈음의 여러 사람들이 쓴 비문이나 묘지문들을 읽어보시고는 부인들의 덕을 크고 지나치게 칭찬하는 점이 병통이라고 하면서 말씀하셨다.

"여자의 안방에서의 생활은 남들이 알 바가 없는 것이니, 붓을 잡은 사람들이 오직 가장(家狀)에 의지하여 썼음을 알겠다. 그러니 그 말을 더욱 증명할 수 없는 것이다. 그렇지 않다면 우리나라에 어떻게 그렇게 어진 부인들이 많다는 것이냐?"

이러한 말씀이 아직도 귓가에 들리는 듯 쟁쟁하다.

이제 어머니의 덕을 기술하는 글에 있어서 감히 글자 하나인들 꾸며대지 못하고 차라리 너무 간략하다는 잘못이나 없게 하려고 하는 것은, 대체로 우리 어머님의 평소의 고상한 뜻에 좇으려는 것이다. 숙종 16년(1690) 8월 모일에 불초 고애자 만중은 눈물을 흘리고 울면서 삼가 짓는다.

좌우명

1.

좌우명은 앉은 자리 오른쪽에 갖추어 두고 경계로 삼는 격언이나 금언으로, 소중하게 여기는 책이나 글씨, 그림 등을 대체로 왼쪽이 아닌 오른쪽에 두었다는 데에서 연유한 말이다. 지인의 집 거실에는 '和光同塵(화광동진)'이라는 네 글자가 큼지막하게 걸려 있다. '자기의 지혜를 감추어 나타내지 않는 것'을 '和光'이라고 하고 '속세에 파묻혀 사는 것'을 '同塵'이라고 한다. 화광동진은 '자기의 지혜를 자랑하지 않고 그 지혜를 부드럽게 하여 속세의 티끌에 동화함'을 일컫는 말이다. 이 구절은 능력 있는 제자가 자신의 재주를 누르고 겸손한 자세로 살기를 바라는 스승의 마음을 담아 써 준 것인데 지인은 이를 좌우명으로 삼고 있다고 한다. 지인처럼 다른 사람에게 받은 글귀를 좌우명으로 삼기도 하고 스스로 자신의 인생관이나 가치관에 부합하는 글귀를 직접 찾아 좌우명으로 삼기도 한다.

2. 관련 한자 익히기

1) 广 (**집 엄**)

바위에 의지하여 지은 집의 모양을 본뜬 글자.

序	차례 서	秩序	序文
庫	창고 고	在庫	寶庫
座	자리 좌	座席	
廣	넓을 광	廣場	廣告
府	관청, 곳집 부	政府	司法府
底	바닥 저	底力	徹底
店	가게 점	露店	百貨店
庶	여러, 많을 서	庶民	嫡庶
廉	청렴할, 값쌀 렴	淸廉潔白	廉價
廢	폐할, 그만둘 폐	廢校	廢業

2) **金** (**쇠 금**)

산 속의 광산에 매장되어 있는 쇠붙이의 모양을 나타냄. 금속의 종류와 금속으로 만든 물건의 이름, 쇠붙이와 연관된 사람들의 일련의 동작.

金	쇠/금/돈 금	金屬	黃金	現金
針	바늘 침	針小棒大	針線	
鈍	우둔할 둔	愚鈍	鈍感	
銘	새길 명	銘心	墓誌銘	
銳	날카로울 예	銳利	銳敏	

錦	비단 금	錦上添花	錦繡江山
錄	적을 록	記錄	芳名錄
錢	돈 전	金錢	紙錢
錯	섞일 착	錯誤	錯覺
鎭	누를 진	鎭壓	鎭火
鏡	거울 경	眼鏡	望遠鏡
鑑	볼 감/거울	鑑賞	知人之鑑
鍊	단련할 련	修鍊	洗鍊

3. 고사성어

1) 금의환향(錦衣還鄕)

비단 옷을 입고 고향에 돌아가다. 출세해서 고향에 돌아가는 것을 말한다.

'금의(錦衣)'는 화려하게 수놓은 '비단옷'이라는 뜻이다. 옛날에는 왕이나 고관들이 입던 옷으로 출세의 상징이었다. 반면 평민들은 흰색의 베옷을 입었는데, 이것은 '포의(布衣)'라 하였다. 즉, 비단옷을 입고 고향에 돌아간다는 뜻으로, 출세하여 고향을 찾는 것을 뜻한다.

2) 금의야행(錦衣夜行)

비단 옷을 입고 밤에 돌아다니다. 아무 보람 없는 행동을 의미한다.

4. 墓誌銘(묘지명)

사도세자
思悼世子
묘지명

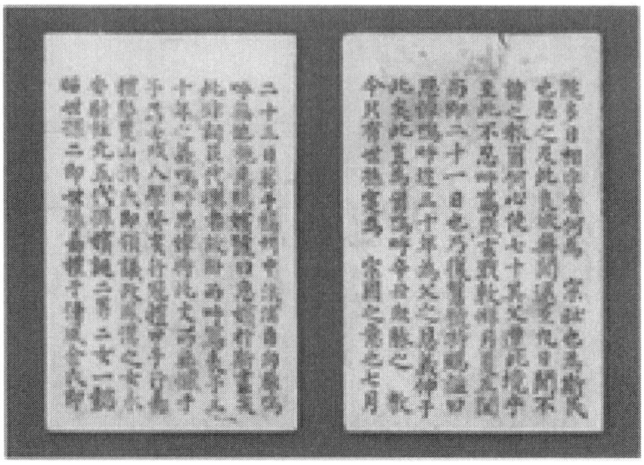

○ 사도세자의 이름은 선(愃)이고, 자(字)은 윤관이다. 임어 11년 을묘년(1735) 1월 21일에 태어났다. 영빈 소생이다. 나서부터 빼어나게 총명했고 장성해서는 문리 또한 통하여, 조선이 잘 될 것이라는 희망이 있었다. 오호! 성인은 배우지 않고, 도리어 욕망에 무너지고 방종에 무너진 태갑의 일을 배웠다. 오호! 가르치고 깨우치는 〈자성편〉과 〈심감〉을 즉시 언교로 삼았다. 그런데, 뭇 소인배와 함께 어울려 장차 나라가 망하게 되었다.

아! 예로부터 무도한 임금이 어찌 끝이 있으랴만, 세자 일 때 이와 같은 사람은 내가 아직 들어보지 못했다. 그가 본래 풍예에서 태어나, 마음을 다잡지 못하고 광에 빠져 버렸다. 아침 일찍부터 밤늦게까지 바란 것이 태갑이 뉘우치고 깨달은 것처럼 마침내 만고에 없던 일에 이르는 것이었는데, 백발의 아비로 하여금 만고에 없는 일을 하게 만들었느냐…

오호! 30년 가까운 아비의 은의를 여기에 베푼다. 이것이 어찌 너를 위한 것이겠느냐. 오호! 신축년 혈맥의 교시는 이제 단지 세손이 있을 뿐이니, 이것이 종국의 뜻이다. 7월 23일 양주 중랑포 유향의 언덕에 장사를 지냈다…

✔ 연습문제

다음의 의미에 대해 알아보고 좌우명으로 삼을 만한 구절이 있는지 생각해 보자.

日新又日新

儉而不陋

無愧我心

盡人事待天命

謀事在人, 成事在天

自勝者强

自强不息

本立道生

5. 옛 글 읽기

〈伯姊贈貞夫人墓誌銘〉　　　　　朴趾源

유인은 16세에 덕수(德水) 이택모(李宅模) 백규(伯揆 : 字)에게 시집가서 1녀 2남을 두고, 신묘년 9월1일에 죽었다. 향년은 43세이다. 남편의 선산은 아곡(鴉谷)이라 하는데, 장차 그곳 경좌(庚坐 : 남서쪽을 등진 방향)의 묘역에 장사지내려 한다.

백규는 어진 아내를 잃고 가난하여 살아갈 도리가 없자 어린 자식들과 계집종 하나를 이끌고 솥과 그릇, 상자 따위를 챙겨서 배를 타고 산골짝으로 들어가려고 상여와 함께 출발하였다. 나는 새벽에 두뭇개의 배에서 그를 전송하다 통곡하다 돌아왔다.

아아! 누님이 시집가던 날 새벽에 얼굴을 단장하시던 일이 마치 엊그제 같다.

나는 그때 막 여덟 살이었는데, 발랑 드러누워 발버둥을 치다가 새신랑의 말을 흉내내 더듬거리며 점잖은 어투로 말을 하니, 누님은 그 말에 부끄러워하다 그만 빗을 내 이마에 떨어뜨렸다. 나는 골이 나 울면서 분에다 먹을 섞고 침을 발라 거울을 더럽혔다. 그러자 누님은 옥으로 만든 자그만 오리 모양의 노리개와 금으로 만든 벌 모양의 노리개를 꺼내 나를 주면서 울음을 그치라고 하였다. 지금으로부터 스물여덟 해 전의 일이다.

강가에 말을 세우고 멀리 바라보니 붉은 명정이 펄럭이고 배 그림자는 아득히 흘러가는데, 강굽이에 이르자 그만 나무에 가려 다시는 보이지 않았다.

그때 문득 강 너머 멀리 보이는 산은 검푸른 빛이 마치 누님이 시집가는 날 쪽진 머리 같았고, 강물 빛은 당시의 거울 같았으며, 새벽달은 누님의 눈썹 같았다.

울면서 그 옛날 누님의 빗을 떨어뜨리던 걸 생각하니, 유독 어릴 적 일이 생생히 떠오르는데 그때에는 또한 기쁨과 즐거움이 많았으며 세월도 느릿느릿 흘렀었다.

그 뒤 나이 들어 이별과 근심, 가난이 늘 떠나지 않아 꿈결처럼 훌쩍 시간이 지나갔거늘 형제와 함께 지낸 날은 어찌 그리도 짧은지.

떠난 사람은 거듭 다시 오겠다고 다짐해도
보내는 사람은 오히려 눈물이 옷깃을 적시누나
조각배는 이제 가면 어느 때 돌아오리
보내는 사람은 헛되이 언덕 위로 돌아가네

제23강

의복 문화

1.

옷은 추위나 더위로부터 몸을 보호해주는 실용적인 기능뿐만 아니라 사람의 아름다움을 드러내는 미적 기능을 갖고 있다. 전통 시대에 옷은 신분에 따라 색깔과 모양이 달랐으며 지역, 시대에 따라 구분되었다. 요즈음 궁궐 주변에 한복을 입고 다니는 국내인은 물론 외국인을 자주 볼 수 있다. 일각에서는 국적 없는 한복이라고 비난하는 목소리도 내지만 한복도 시대에 따라 조금씩 모양이 변했다.

공자는 "헤진 솜옷을 입고서 여우나 담비가죽으로 만든 옷을 입은 자와 함께 서 있으면서도 부끄러워하지 않는 자는 바로 유(자로)일 것이다."(衣敝縕袍 與衣狐貉者立 而不恥者 其由也與.『論語』「子罕」)라고 하였다. 이 말은 초라한 옷을 입은 사람이 화려하고 비싼 옷을 입은 사람과 같은 자리에 있으면 대부분 부끄러워한다는 사실을 반증하는 말이다. 우리 속담에 "옷이 날개"라는 말이 있고, '의도락(衣道樂)'이라고 하여 옷차림에 유난히 신경을 쓰는 사람도 있다. 비싸고 고급스런 옷보다는 멋과 개성을 살린 옷차림이 그 사람을 돋보이게 한다.

신윤복, 미인도(간송미술관 소장)

2. 관련 한자 익히기

1) 衣(衤) (옷 의)

짧은 윗저고리의 형상을 본떠 만듦. 옷의 이름이나 옷과 관련한 동작 등의 의미.

한자	훈음	용례	용례
衣	옷 의	衣裳	下衣
表	겉 표	表現	發表
衰	쇠할 쇠	衰弱	老衰
裁	마를 재	裁斷	獨裁
裕	넉넉할 유	餘裕	富裕

袖	소매 수	袖珍本	窄袖	
補	기울 보	補充	補完	
裏	속 리	表裏	腦裏	
製	지을 제	製作	手製	
複	겹칠 복	複寫	重複	
裸	벌거벗을 라	裸身	赤裸裸	
褒	기릴 포	褒賞	褒貶	
褻	속옷 설/더러울	猥褻		
襲	이을/엄습할 습	世襲	奇襲	

2) 糸 (**실 사**)

실타래의 모양을 본떠 만든 글자. 실의 종류나 직물과 관련한 뜻.

系	혈통/이을 계	家系	系統	
紀	법/세월 기	紀綱	世紀	
約	묶을/약속 약	公約	期約	
純	순수할 순	純眞	純白	
素	흴/평소/검소할 소	素服	平素	儉素
索	찾을 색	搜索	思索	
終	마칠 종	終了	考終	
累	여럿 루	累代	連累	
結	맺을 결	結婚	結論	
絶	끊을 절	絶交	絶好	
統	거느릴 통	統一	傳統	

經	지날 경	經緯	經路
緊	급할 긴	緊急	緊要
緩	느릴 완	緩急	
繼	이을 계	繼母	繼續

◆ 衣鉢(의발) : 승려들의 중요한 지참물인 가사(法衣)와 바리때(鉢). 불교에서 스승이 제자에게 법을 전수·인가하는 것을, 가사(袈裟)와 철발(鐵鉢)을 주는 것에 비유하여, '의발을 전한다'고 표현하였다.

◆ 領袖(영수) : 옷의 옷깃과 소매. 옷에서 가장 두드러진 부분. 대표적인 인물을 나타냄.

◆ 胸襟(흉금) : 앞가슴의 옷깃. 마음속 생각을 말함.

◆ 猖披(창피) : '猖'은 미쳐 날뛴다는 뜻이고, '披'는 '헤치다·열다·입다'의 뜻. 裮被라고도 하는데 창(裮)은 '옷을 입고 허리띠를 안 매었다'는 뜻이고 피(被)는 '상의를 어깨에 걸친 모습'이다.

3. 생활한자

正裝	燕尾服	制服	旣成服	喪服
素服	平常服	運動服	校服	冬服

4. 고사성어

1) 綠衣紅裳(녹의홍상)

초록색 저고리에 붉은 색 치마. 젊은 여성의 고운 옷차림을 가리킨다.

2) 同價紅裳(동가홍상)

같은 값이면 다홍치마. 이왕이면 더 좋은 쪽을 선택한다는 말.

3) 天衣無縫(천의무봉)

선녀(仙女)의 옷에는 바느질한 자리가 없다는 뜻으로, ① 성격(性格)이나 언동(言動) 등(等)이 매우 자연(自然)스러워 조금도 꾸민 데가 없음 ② 시나 문장(文章)이 기교(技巧)를 부린 흔적(痕跡·痕迹)이 없어 극(極)히 자연(自然)스러움을 이르는 말. 『태평광기(太平廣記)』 천상의 직녀가 인간계의 청년 곽한(郭翰)을 사랑하여 천제의 허락을 얻어 밤이면 밤마다 지상으로 내려왔다. 그런데 칠석(七夕)이 되자 직녀는 오지 않았다. 그러고는 4,5일이 지나서야 찾아왔다. "어땠습니까? 견우님과의 상봉은 즐거우셨나요?" 곽한의 말에 직녀가 웃으면서 대답(對答)했다. "천상은 여기와는 다릅니다. 천상에서는 마음과 마음이 서로 통하는 것이 정교(情交)이며, 이 세상(世上)의 정교와는 다른 겁니다. 질투는 그만두십시오." "그렇지만 오랫동안 발길을 끊었지 않습니까?" "천상의 하룻밤은 이 세상(世上)의 5일에 해당되는 겁니다." 그녀는 그날 밤, 그를 위해 천상의 요리를 가져왔는데, 모두 이 세상(世上)에는 없는 것뿐이었다. 또 그녀의 옷을 보니 어디에도 솔기라곤 눈에 띄지 않았다. 이상히 여겨 물어 보니, 그녀가 말했다. "천상의 옷은 원래 바늘이나 실로 바느질하는 것이 아닙니다." 여기에서 비롯되어 어떤 작품(作品)이 기교 없이 훌륭하게 만들어졌을 때, 또 아름답고 깨끗하게 행동(行動)하는 사람을 '천의무봉'이라고 한다.

5. 裁(마를 재)와 모양이 비슷한 글자

載	실을/해(年) 재	積載	千載一遇
栽	심을 재	栽培	植栽
哉	어조사 재	嗚呼痛哉	
戴	이를 대	戴冠式	不俱戴天之讐
截	끊을 절	去頭截尾	截斷

✔ 연습문제

우리민족은 백의민족이라고 하여 예로부터 흰색을 숭상하고 흰옷을 즐겨 입었다. 백의민족 담론에 대해 조사해 보자.

제24강

주거 문화

1.

집은 가장 오랜 시간을 보내며 육체적·정신적 에너지를 회복하고 충전하는 곳이다. 선인들은 편안함은 물론 집터를 비롯하여 정원 가꾸기 등에 관심을 가졌다. 뿐만 아니라 자신의 취향이나 가치관을 반영하여 집에 이름을 지어주기도 하였다.

〈집 이름 있으세요?〉

사람의 이름은 역설적이다. 자신의 것이면서 자신의 것이 아니기 때문이다. 나의 이름에는 내가 자라면서 되거나 이루었으면 하는 삶에 대한 바람이 담겨 있지만 그것은 내가 직접 만들거나 동의한 것이 아니다. 이를테면 부모나 조부모의 것이다. 커서 덧붙여지는 두 번째 이름으로 자(字)도 있지만 이 또한 성인이 된 것을 기념하여 집안 어른 같은 윗사람이 지어주는 것이어서 온전한 내 것이 아니라는 데는 차이가 없다.

이 때문에 옛사람들은 나이가 들면 자신의 또 다른 이름을 즐겨 지었다. 바로 호(號)이다. 특히 스스로 지은 호, 즉 자호(自號)는 자신의 삶의 지향이나 취향을 그대로 드러낸다는 점에서 많이 선호되었다. 200여 개나 되었다는 추사(秋史)의 경우는 극히 예외적이지만, 이른바 '서책의 기운과 문자의 향기'가 조금이라도 배어있는 사람이면 호 한두 개쯤 가지고 있는 게 일반이었다. 멋진 집 이름들, 탁청정, 후조당, 여유당 등.

그런데 이 자호 가운데 재미있는 것이 하나 있다. 집 이름인 당호(堂號)를 자신의 호로 삼은 경우가 꽤 있다는 점이다. 안동 시내에서 도산서원 방향으로 가다 보면 오천 군자리라는 전통한옥 밀집단지가 있다. 70년대 중반 안동댐 건설로 집들이 수몰되자 아쉬운 마음에 집안 사랑채나 별채를 하나씩 옮겨 조성한 광산김씨 예안파 문중의 근거지이다. 대부분의 한옥이 그렇듯이 이들 건물에도 당호 편액이 하나씩 걸려있는데, 하나같이 집을 처음 지은 주인들의 자호이기도 하다.

단지 내에서 가장 멋진 정자인 탁청정(濯淸亭)은 조선시대 대표적인 민간 조리서 『수운잡방』을 지은 김유(金綏 : 1491~1555)의 호이고, 대종택에 해당하는 후조당(後彫堂)은 김유의 큰집 조카 김부필(金富弼 : 1516~1577)의 호이며, 옆에 나란히 있는 읍청정(挹淸亭)은 김부필의 동생 김부의(金富儀 : 1525~1582)의 호인 식이다. '탁청정'은 '맑은 물에 씻는다'는 뜻으로 중국 춘추전국시대 시인 굴원의 시구 "창랑의 물이 맑으면 내 갓끈을 씻고, 창랑의 물이 흐리면 내 발을 씻으리"에서 따온 것이고, '후조당'은 '뒤에 시든다'는 의미로 "날씨가 추워진 뒤라야 소나무와 잣나무가 뒤늦게 시듦을 안다"고 한 『논어』의 문구에서 차용한 것이다. '읍청정' 또한 말 그대로 '청량한 자연을 움켜쥔다'는 뜻이니, 굳이 부연하지 않아도 주인의 지향과 취향이 그대로 묻어나는 당호이자 자호들인 셈이다.

몸이 정신이 깃들어 사는 곳이라면, 집은 그 몸이 의탁하여 사는 곳이다. 따라서 집은 곧 제2의 몸이자 자신이라고 해도 틀리지 않다. 집을 어떤 구조로 어떤 기능에 비중을 두고 지었는지 또 어떻게 꾸미고 사는지 하는 것은 곧 거기 사는 이의 사람됨의 표현이다. 그렇다면 집에 이름이 있는 것이 아니라 없는 것이 더 이상한 일이 아닐까? 조금만 생각해보면, 내가 사는 집이 마치 수인번호처럼 301호, 1207호 등으로 호명되는 것을 오히려 더 무람해 할 일이 아닐까?

… 中略 …

당호가 꼭 거창하거나 유식이 넘쳐나야 하는 건 아니다. 이름인 이상 듣는 이에게 뜻이 어느 정도 전달만 되면 무방하므로 쉬운 한자말이나 아예 우리말로 지어도 좋을 것이다. 1년 전인가 사람들의 소소한 일상을 다큐로 보여주는 텔레비전 프로그램에서 무릎을 탁 치게 만든 당호를 본 적이 있다. 원주에 사는 고진화라는 시인이 허름한 널빤지에 붓으로 당호를 적어 집에 거는 모습이 나왔는데, 거기에는 '불편당(不便堂)'이라고 적혀 있었다. '얼마간의 불편은 기꺼이 감수하고 즐기며 살 용의가 있는 사람이 사는 집!' 얼마나 멋지고 당당한가? 상대적으로 일반사람들보다 당호를 접할 기회가 많은 직업을 가졌지만, 단언컨대 이보다 눈에 들어오는 당호는 여태 보지 못했다.

사람을 만나 통성명을 할 때 우리 모두 약간의 계면쩍음과 뿌듯함 속에, 무슨 직함만 수두룩이 적힌 한쪽에 'ㅇㅇ당(堂) 또는 ㅇㅇ재(齋) 주인'이라고 큼지막이 쓰인 명함을 흔쾌히 내밀 수 있다면 삶이 덜 팍팍하지 않을까? 이웃에 심부름 갈 때마다 '608호'에 갔다 오라는 대신 '불편당'에 다녀오라는 말을 들으며 자란 아이의 삶이 나중에 좀 더 풍요롭지 않을까? 언필칭 결실의 계절로 접어드는 이때, 눈을 내면으로 돌려 한 번쯤 자문해보는 것도 괜찮을 듯싶다.

"집 이름 있으세요?"

– 박원재(한국국학진흥원 수석연구위원)

2. 관련 한자 익히기

1) 口 (에울 위)

어떤 사물을 둘러싼다는 의미를 지님.

囚	가둘 수	囚人	罪囚
回	돌 회	回廊	回甲
困	곤할 곤	困難	貧困
固	굳을 고	堅固	固執
國	나라 국	强國	國運
圍	둘레 위	周圍	範圍
園	동산 원	庭園	樂園
園	둥글 원	圓形	圓滿
圖	그림 도	圖書	圖表
團	모일 단	團員	團欒

2) 尸 (주검 시)

다리를 오그린 채 죽은 시체의 형상. 인체나 집과 관련한 뜻.

尾	꼬리 미	尾行	末尾
局	판 국	結局	局面
居	살 거	居處	別居
屈	굽힐 굴	屈服	卑屈
屋	집 옥	社屋	家屋
展	펼 전	展覽	發展

屢	자주 루	屢次	
層	층 층	高層	層階
履	신발/밟을 리	履行	履歷書
屬	무리/이을 속	所屬	軍屬

3. 생활한자

移徙	故鄕	寄宿舍	專貫	不動產
堂號	宅號	戶主	風水	擇里

4. 고사성어

1) 李下不整冠 瓜田不納履(이하부정관 과전불납리)

오얏 나무 아래에서는 갓을 정비하지 말고 오이 밭에서는 신발을 갈아 신지 말라. 쓸데없이 의심을 살 만한 행동을 하지 말라는 의미. '瓜田李二下'로 줄여서 쓰기도 함.

2) 貧者一燈(빈자일등)

가난한 사람이 바치는 하나의 등불이라는 뜻으로 불경(佛經)인 『현우경(賢愚經)』에서 비롯된 말이다. 물질의 많고 적음 보다는 정성이 더 소중함을 의미하는 말이다.

석가(釋迦)가 사위국(舍衛國)의 어느 정사(精舍)에 머물고 있을 때 그곳 국왕을 비롯한 많은 사람들이 각각 신분에 걸 맞는 공양을 하였다. 그 모습을 본 어느 가난한 여인이 "모처럼 스님을 뵙게 되었는데도 아무런 공양도 할 수 없다니 정말 슬픈 일이다"라고 한탄하였다. 그리고는 온종일 구걸하여 얻은 돈 한 푼을 가지고 기름집으로 갔다. 한 푼어치 기름으로는 아무런 소용도 되지 않았으나 그 여인의 말을 들은 기름집 주인은 갸륵하게 생각하여 한 푼의 몇 배나 되는 기름을 주었다. 난타(難陀)라고 하는 이 여인은 그 기름으로 등을 하나 만들어 석가에게 바쳤다. 그런데 그 수많은 등불 속에서 이상하게도 난타가 바친 등불만이 새벽까지 남아서 밝게 타고 있었다. 손으로 바람을 보내거나 옷자락으로 흔들어도 불은 꺼지지 않았다. 나중에 석가는 난타의 그 정성을 알고 그녀를 비구니로 받아들였다고 한다.

5. 부정을 나타내는 한자어는 不, 未, 非, 莫, 無 등이 있다.

不問可知(불문가지) : 묻지 않아도 알 수 있다.

不可思議(불가사의) : 미루어 헤아릴 수 없이 이상하다.

不可抗力(不可抗力) : 인간의 힘으로 어찌 할 수 없다.

前代未聞(전대미문) : 이제까지 들은 적이 없다.

非禮勿視(비례물시) : 예가 아니면 보지 말라.

莫上莫下(막상막하) : 둘 다 뛰어나 우열을 가릴 수 없다.

無賴漢(무뢰한) : 일정한 직업 없이 남의 것을 빼앗아 먹고 사는 사람.

✔ 연습문제

다음 堂號의 의미에 대해 알아보자.

與猶堂　　學思齋

愛日堂　　知足堂

師妊堂　　蘭雪軒

浩然齋　　愼獨齋

觀水齋　　雲鳥樓

鳴玉軒

제25강

정치와 시사

1.

2000년 전 역사학자 사마천은 "제일 잘하는 정치는 국민의 마음을 따라가고 그 다음은 국민을 이익으로 이끄는 정치다. 세 번 째는 도덕으로 설교하고 네 번 째 아주 못난 정치는 형벌로 겁을 주는 것이며 다섯 번 째 최악의 정치는 국민과 다투는 것이다."(故善者因之 其次利道之 其次敎誨之 其次整齊之 最下者與之爭)라고 하였다. 개인의 삶은 어떤 방식이로든 사회와 정치와 연결되어 있다. 그렇기에 세계와 사회에서 벌어지는 각종 일에 무관심할 수 없다. 예로부터 지식인은 국왕의 정치적 판단과 정책에 대해 관심을 갖고 옳지 않다고 판단했을 때는 목숨을 걸고 충고하며 바른 길을 제시하였다. 세상 돌아가는 일과 정치적 감각은 신문을 통해 확인하고 키울 수 있다. 신문에 자주 등장하는 시사용어에 대해 알아보자.

政治 大統領 青瓦臺 領夫人 國會
委員 選擧 總選 補闕選擧 市民
執權黨 與黨 野黨 市長 道知事
長官 國政運營 改閣 內閣 更迭
人事 權力 公職倫理 公務員 支持率
獨裁 跛行 糾彈 彈劾 浮動層
慣行 示威 福祉 疏通

經濟 黑字財政 赤字財政 社團法人 財團法人
民營化 國債 公社債 破産 倒産
不渡 抵當 都賣 融資 金利
保證 證券 上場 私募 救濟金融
就業 求職 增稅

訴訟 公證 損害賠償 親權 誣告罪
被訴 起訴 抹消 逮捕 疏明
慰藉料 損壞罪 輕犯罪 容疑者 檢察
裁判 憲法裁判所 高等法院 求刑 抗訴
判士 檢士 辯護士 民事 刑事
執行猶豫 囹圄 囚衣 釋放 特赦

國際 親善 外交 紛爭 領袖會談
援助 平和協定 派遣 特使 善隣政策
社會文化 請託 訃告 藝術 體育
社說 交流 探訪 遺蹟 觀覽

○ 신문 기사 속 사자성어

미래를 책임져야할 젊은이들이 실업으로 청춘을 보낸다면 한국의 경쟁력은 더욱 처질 수밖에 없다. 이러다간 대학교육의 百年大計가 百年河淸이 될 판이다.

유럽과 일본 등의 경기가 당분간 개선되기 어려울 것으로 보이고 상품 시장에서 투기자본이 빠져나가는 여파로 漁父之利식 글로벌 달러 강세가 계속될 것으로 전망된다.

일본의 독도 영유권 주장, 북한 사병에 의한 금강산 관광객 피격, 미국 국립지리원 산하 지명 위원회의 독도에 대한 주권 미지정 지역 변경 등의 사태에서 보듯이 정부는 束手無策으로 당했다. 이 같은 집권 초기의 혼돈과 혼란 속에서 경제 살리기는 緣木求魚와도 같았다.

40개국 170여 편의 상영작은 溫故知新을 강조하는 영화제의 정신에 부합하듯 고전위주로 꾸려졌다.

○○그룹은 지분매각을 통해 유동성 확보는 물론 공정거래법상 규정을 충족하는 一擧兩得 효과를 기대하고 있다.

국내 은행들은 세계 초일류 은행들과 경쟁하기 보다는 국내 타 금융업권의 영역으로 업무를 넓혀 수수료 수익 확대만을 고려하는 井中之蛙식 영업전략을 펼치고 있다.

월드컵 경기를 준비하는 ○○○감독에겐 狡兎三窟의 지혜가 있을 것이라고 많은 사람들이 기대했다.

지금 ○○○에게 필요한 건 泣斬馬謖의 자세이다. 더 이상 두려워해서는 안 되며 결단을 내려야 할 때이다.

대통령 선거 운동기간이 시작되면서 대선 후보들은 乾坤一擲의 승부에 나섰다.

아무개 회장은 벤처 투자의 귀재, 인수합병 대가로 불리면서 한때 이름을 날렸지만 과거 내부거래와 주가조작 등의 혐의로 고참에 고발된 데 이어 갑질에 횡령 배임 의혹에 휘말리면서 四面楚歌의 상황으로 내몰리고 있다.

연로한 정치가는 50년 정치인생, 兎死狗烹으로 상징되는 그 영욕의 세월이 눈앞에 스치는지 인터뷰 도중 몇 차례 말을 잇지 못했다.

탈원전 정책을 추진하는 우리나라는 대만의 대정전 사태를 他山之石으로 삼아야 한다.

금융투자협회장 ○○○는 금융투자업계 신입직원들에게 "직업윤리에는 전문성이 들어간다. 윤리의식 없는 전문성은 沙上樓閣이다."이라고 강조했다.

학생이 교사를 폭행하는 충격적인 일이 터지고 나서야 부랴부랴 보완, 통과된 교권보호법을 보니 亡羊補牢라는 고사성어가 떠오른다. 늦었지만 아무쪼록 이 법의 시행이 교권확립의 획기적인 계기가 되기를 빈다.

〈교수신문〉은 올해의 사자성어를 물은 결과, 비선 실세 의혹, 세월호 참사 등에서 본질을 비켜간 청와대와 정부의 태도를 指鹿爲馬에 빗댄 이들이 많았다.

不飛不鳴이라는 고사가 있습니다. 남쪽 언덕 나뭇가지에 앉아, 3년 동안 날지도 울지도 않는 새. 그러나 그 새는 한번 날면 하늘 끝까지 날고, 한번 울면 천지를 뒤흔듭니다. 그동안 정치와 거리를 둬 왔습니다. 그러나 암울한 시대가 저를 정치로 불러냈습니다. 더 이상 남쪽 나뭇가지에 머무를 수 없었습니다. 이제 저는 국민과 함께 높이 날고 크게 울겠습니다. 오늘 저는 제18대 대통령선거 출마를 국민 앞에 엄숙히 선언합니다.

✔ 다음은 맹자의 恒産과 恒心에 관한 글이다. 지금의 상황과 관련하여 그 의미를 찾아보자.

曰, "無恒産[1]而有恒心[2]者, 惟士爲能. 若民, 則無恒産, 因無恒心. 苟無恒心, 放辟邪侈, 無不爲已. 及陷於罪, 然後從而刑之, 是罔民也. 焉有仁人在位罔民而可爲也? 是故明君制民之産, 必使仰足以事父母, 俯足以畜妻子, 樂歲終身飽, 凶年免於死亡, 然後驅而之善, 故民之從之也輕. 今也制民之産, 仰不足以事父母, 俯不足以畜[3]妻子, 樂歲終身苦, 凶年不免於死亡. 此惟救死而恐不贍, 奚暇治禮義哉? 王欲行之, 則盍[4]反其本矣, 吾畝之宅, 樹之以桑, 吾十者可以衣帛矣. 雞豚狗彘之畜, 無失其時, 七十者可以食肉矣. 百畝之田, 勿奪其時, 八口之家可以無飢矣. 謹庠序之教, 申之以孝悌之義, 頒白者不負戴於道路矣. 老者衣帛食肉, 黎民不飢不寒, 然而不王者, 未之有也." (梁惠王 上)

1 恒産(항산) : 일정한 수입이 있는 생업.(可常生之業也)
2 恒心(항심) : 변하지 않는 마음.(善心, 本心)
3 畜(휵) : 기르다, 양육하다
4 盍(합) : 何不, 어찌~하지 않는가?

Ⅲ
부록

故事成語(고사성어)

ㄱ

苛斂誅求(가렴주구)	부패한 관료들이 백성들의 재물을 가혹하게 거둬들임.
刻骨難忘(각골난망)	은혜에 대한 고마움을 가슴에 깊이 새겨 잊지 않음.
刻舟求劍(각주구검)	시세의 추이를 모르고 융통성 없음.
肝膽相照(간담상조)	간과 쓸개를 서로 드러내 보임. 서로의 마음을 드러내고 이해하는 친한 친구 사이의 우정.
甘言利說(감언이설)	달콤한 말과 이로운 조건을 내세워 남을 꼬임.
甘呑苦吐(감탄고토)	달면 삼키고 쓰면 뱉음.
甲論乙駁(갑론을박)	서로 자기의 주장을 내세워 남의 주장을 반박함.
康衢煙月(강구연월)	태평한 시대의 번화한 거리 풍경. 태평성대를 이름.
改過遷善(개과천선)	잘못을 고쳐 착하게 됨.
去頭截尾(거두절미)	앞뒤의 쓸데없는 사설을 빼고 용건만 말함.
隔世之感(격세지감)	변화가 심해서 딴 세대처럼 느껴짐.
牽强附會(견강부회)	이치에 맞지 않는 말을 억지로 조건이나 이치에 끌어 붙임.
見蚊拔劍(견문발검)	모기를 보고 칼을 뺌. 작은 일에 크게 화내고 덤빔.
結者解之(결자해지)	매듭을 엮은 사람이 풀어야 한다. 일을 저지른 사람이 직접 해결해야 함.
結草報恩(결초보은)	죽은 후에도 결코 은혜를 잊지 않고 갚음.

敬天愛人(경천애인) 하늘을 공경하고 사람을 사랑함. 하늘과 백성을 근본으로 하는 군주의 자세.

鷄口牛後(계구우후) 닭의 부리가 될지언정 소의 항문은 되지 말라. 큰 집단의 끄트러미보다 작은 집단의 우두머리가 낫다는 뜻.

鷄卵有骨(계란유골) 계란이 곯았다는 말로 재수 없는 사람은 늘 일을 그르침.

鷄鳴狗盜(계명구도) 닭 울음소리를 내고 개로 분장해 도둑질을 함. 아무리 하찮은 재주도 쓸 데가 있다는 뜻.

鼓腹擊壤(고복격양) 배를 두드리고 흙덩어리를 치다. 살기 좋은 태평시대를 말함.

苦盡甘來(고진감래) 고생 끝에 즐거움이 찾아옴.

曲學阿世(곡학아세) 학문을 왜곡하고 세상에 아첨함.

誇大妄想(과대망상) 자신의 상태를 턱없이 크게 평가하여 그 평가를 사실처럼 믿음.

過猶不及(과유불급) 지나친 것은 모자란 것과 같다.

瓜田不納履(과전불납리) 오이밭에서 신발을 고쳐 신지 않는다. 사람들로부터 혐의 받을 일은 하지 말라는 뜻.

管鮑之交(관포지교) 관중과 포숙아의 사귐. 서로가 매우 친하게 지내며 그 우정을 변치 않음. 자신을 알아주는 친구.

刮目相對(괄목상대) 눈을 비비고 다시 보다. 학문이나 재주가 갑자기 느는 것을 말함.

巧言令色(교언영색) 교묘하게 꾸며 대는 말과 아첨하는 얼굴빛. 소인이 교묘한 수단으로 아첨 떠는 태도.

膠柱鼓瑟(교주고슬) 현악기의 기러기발을 아교로 붙이고 연주함. 고지식하고 융통성 없음.

敎學相長(교학상장) 가르치고 배우며 서로 성장함.

狡兔三窟(교토삼굴) 영리한 토끼는 도망갈 구멍 세 개를 파 놓는다. 앞으로 닥칠 위기를 미리 준비하다.

口蜜腹劍(구밀복검) 입으로는 달콤한 말을 하나 속으로 칼을 품고 있음.

九死一生(구사일생) 아홉 번 죽을 고비를 넘어 살다. 죽을 고비를 어렵게 넘기고 겨우 살아남음.

口尙乳臭(구상유취) 입에서 아직 젖내가 난다. 상대가 어리고 말과 행동이 유치함을 얕잡아 이르는 말.

九牛一毛(구우일모) 아홉 마리 소 가운데 한 개의 터럭. 많은 것들 중에서 극히 작은 한 개. 대단한 것이 못됨.

群鷄一鶴(군계일학) 여러 닭 가운데의 한 마리 학. 많은 사람 중에서 뛰어난 인물.

君子三樂(군자삼락) 군자의 세 가지 즐거움. 부모가 모두 살아 계시고 형제가 무고한 것, 하늘을 우러러 부끄러움이 없고 사람을 굽어보아도 부끄럽지 않은 것, 천하의 영재를 얻어 교육하는 것.

權不十年(권불십년) 권세는 10년동안 이어지지 못함.

勸善懲惡(권선징악) 착한 일을 권장하고 나쁜 일을 징계함.

捲土重來(권토중래) 한 번 실패한 사람이 굴하지 않고 다시 세력을 회복하여 쳐들어 옴.

橘化爲枳(귤화위지) 귤이 변하여 탱자가 되다. 사람도 주위 환경에 따라 달라짐.

金科玉條(금과옥조) 금이나 옥처럼 훌륭한 법률. 소중히 여기고 지켜야 할 규칙.

錦上添花(금상첨화) 비단 위에 수를 놓음. 좋은 것 위에 또 좋은 것이 보태짐.

錦衣夜行(금의야행) 비단 옷 입고 밤에 길을 가다. 아무 보람 없는 행동 비유.

錦衣還鄕(금의환향) 비단 옷 입고 고향에 돌아옴. 성공하여 귀향함.

金枝玉葉(금지옥엽) 귀한 가문의 자손이나 귀한 자식.

起死回生(기사회생) 거의 죽을 뻔했다가 다시 살아남.

杞憂(기우) 쓸데없는 걱정을 함.

騎虎之勢(기호지세) 호랑이를 타고 달리는 기세. 이미 시작한 일이라 중도에 그만 둘 수 없음.

奇貨可居(기화가거) 진기한 보물은 사둘 만하다. 훗날 큰 이득으로 돌아올 사람이나 상품에 투자한다는 뜻.

ㄴ

難兄難弟(난형난제)	누가 형인지 동생인지 분간하기 어렵다. 서로 뛰어나 우열을 가리기 힘듦.
南柯一夢(남가일몽)	순우분(淳于棼)이라는 사람이 꿈속에서 남가국 어느 지방의 태수가 되어 부귀영화를 누리다 깨어 보니 꿈이었음. 한때의 부귀영화가 꿈과 같이 헛됨.
濫觴(남상)	어떤 일의 시초. 처음.
囊中之錐(낭중지추)	주머니 속의 송곳. 뛰어난 사람은 어디에 있어도 드러남.
老馬之智(노마지지)	늙은 말의 지혜. 아무리 하찮은 것이라도 장점을 가지고 있음.
累卵之危(누란지위)	알을 포개 놓은 것 같은 위태로움. 매우 위태로운 형세.
壟斷(농단)	시장의 높은 곳에 올라가 사방을 둘러보고 자기 물건을 팔기에 적당한 곳으로 가서 市利를 독점한다는 뜻으로, 어떤 일이나 대상을 제 이익을 위해 간교한 수단으로 좌지우지하는 것을 이름.
弄瓦之慶(농와지경)	딸을 낳은 경사스러운 일.
弄璋之慶(농장지경)	아들을 낳은 경사스러운 일.

ㄷ

多多益善(다다익선)	많으면 많을수록 좋음.
斷機之戒(단기지계)	베틀의 북을 끊어버리는 경계. 학문을 중도에서 그만두면 아무 쓸모없음을 경계하는 말.
斷腸(단장)	창자가 끊어짐. 창자가 끊어지는 듯한 비통한 슬픔.
螳螂拒轍(당랑거철)	사마귀가 수레바퀴를 막는다. 자기의 힘은 헤아리지 않고 강자에게 함부로 덤빔.
大器晩成(대기만성)	크게 될 사람은 성취는 더뎌도 일단 이루어지면 남과 비교되지 않을 정도임.

桃園結義(도원결의)	복숭아 정원에서 의형제를 맺음. 뜻이 맞는 사람들끼리 목적을 위해 행동을 같이 할 것을 약속함.
塗炭之苦(도탄지고)	진흙과 숯의 고통. 군주가 포악하고 착취가 심하여 백성들의 삶이 말할 수 없이 고통스러운 지경에 이름.
同價紅裳(동가홍상)	같은 값이면 다홍치마. 같은 값이면 보다 좋은 것을 택함.
同病相憐(동병상련)	비슷한 처지에 있는 사람들끼리 서로 이해하고 도움.
同床異夢(동상이몽)	겉으로는 같이 행동하면서도 속으로는 딴 생각을 함.
登龍門(등용문)	시험에 붙거나 출세함.
燈下不明(등하불명)	등잔 밑이 어두움. 가까이 있는 물건이나 사람을 잘 찾지 못함.

ㅁ

馬耳東風(마이동풍)	남의 의견이나 비평을 귀담아 듣지 않음.
莫逆之友(막역지우)	거슬릴 것이 없는 친구. 마음이 맞는 절친한 친구.
晩時之歎(만시지탄)	때가 늦은 것에 대한 탄식. 좋은 기회를 놓친 안타까운 상황.
滿身瘡痍(만신창이)	온몸이 상처투성이가 됨. 사물이 성한 데가 없을 만큼 결함이 많음.
亡羊之歎(망양지탄)	도망간 양을 쫓다가 갈림길이 많아서 양을 찾지 못하고 탄식함. 학문의 길이 여러 갈래라 진리를 잃기 쉬움을 비유.
望洋之嘆(망양지탄)	다른 사람의 학식이 뛰어난 것을 보고 자신은 그렇지 못함을 탄식함.
麥秀之嘆(맥수지탄)	보리가 무성하게 자라난 것을 탄식함. 나라가 멸망한 것을 탄식함.
孟母三遷(맹모삼천)	맹모가 맹자를 가르치기 위해 세 번 이사함. 자식의 보다 나은 교육 환경을 마련하기 위해 애씀.
面從腹背(면종복배)	겉으로는 복종하는 체하면서 속으로는 배반함.
名實相符(명실상부)	이름과 실상이 서로 부합함.
名不虛傳(명불허전)	명성이나 명예가 널리 알려진 데는 다 그럴만한 이유가 있음.

明若觀火(명약관화)	불을 보는 것처럼 밝음. 더할 나위 없이 명백함.
矛盾(모순)	창과 방패. 말이나 행동의 앞뒤가 서로 맞지 않음.
目不識丁(목불식정)	고무래를 보고도 그것이 고무래 정자인 줄 모른다. 글자를 전혀 모름 혹은 그러한 사람.
墨守(묵수)	묵적이 지키다. 자신의 의견을 굽히지 않고 끝까지 지킴.
刎頸之交(문경지교)	목이 달아나더라도 변치 않을 사귐. 곧 생사를 함께 하는 친한 사이.
聞一知十(문일지십)	하나를 들으면 열을 미루어 알다. 총명함을 이르는 말.
門前成市(문전성시)	문 앞이 시장을 이루다. 찾아오는 사람이 많아 문 앞이 사람으로 가득 찼다는 뜻. 권력가나 부잣집에 사람이 많이 찾아옴.
門前雀羅(문전작라)	문 앞에 참새 그물을 친다. 아무도 찾는 사람이 없어 문 앞에 참새 잡는 그물을 칠 수 있을 정도로 쓸쓸하다는 뜻. 문전성시의 반대.
彌縫策(미봉책)	터진 옷을 임시로 꿰매다. 빈 곳이나 잘못된 것을 대충 꾸며 넘기는 것을 뜻함.
尾生之信(미생지신)	미생의 믿음. 우직하고 융통성이 없는 믿음을 말함.

ㅂ

博而不精(박이부정)	널리 알되 정밀하지 못함.
反骨(반골)	뼈가 거꾸로 되어 있다. 세상의 일이나 권위에 순종하지 않고 반항함.
反哺之孝(반포지효)	자식이 커서 어버이의 은혜에 보답함.
拔本塞源(발본색원)	폐단의 근본을 뽑고 근원을 막아 버림.
傍若無人(방약무인)	좌우에 사람이 없는 것같이 언어나 행동이 기탄 없음.
背水之陣(배수지진)	물을 등지고 진을 침. 위험을 무릅쓰고 필사적인 자세로 성패를 겨룸.

百年河淸(백년하청)	흐린 황하는 백 년이 흘러도 맑아지지 않음. 아무리 오래 되어도 어떤 일이 이루어지기 어려움.
伯樂一顧(백락일고)	천리마가 백락을 한 번 만나 세상에 알려졌다는 뜻으로 인재가 자신의 재능을 알아주는 사람을 만남.
白面書生(백면서생)	얼굴이 하얀 서생. 세상일에 전혀 경험이 없는 사람.
白眉(백미)	가장 뛰어남.
伯牙絶絃(백아절현)	백아가 거문고의 줄을 끊다. 자기를 알아주는 벗의 죽음을 슬퍼함.
白眼視(백안시)	마음에 들지 않은 사람을 박대함.
覆水不返(복수불반)	엎지른 물은 주워 담을 수 없다. 한번 저질러진 일은 돌이킬 수 없음.
附和雷同(부화뇌동)	일정한 주견이 없이 남의 의견에 덮어놓고 따라 행동함.
不問可知(불문가지)	묻지 않아도 알 만함.
不恥下問(불치하문)	자신보다 못한 사람에게 묻는 것을 부끄러워하지 않음.
髀肉之嘆(비육지탄)	유비가 넓적다리에 살만 느는 것을 한탄했다는 것으로 자신의 재능을 발휘할 기회를 가지지 못한 채 헛되이 세월을 보내는 것을 탄식함.
貧者一燈(빈자일등)	가난한 자의 등불 하나. 물질의 많고 적음 보다는 정성이 더 소중하다는 뜻.

ㅅ

四顧無親(사고무친)	의지할 만한 사람이 전혀 없음.
舍己從人(사기종인)	자신의 사사로운 마음을 버리고 남의 의견을 따름. 사심을 버리고 공도를 행함.
四面楚歌(사면초가)	적에게 포위되어 고립된 상태, 혹은 주위 사람들의 도움을 전혀 받을 수 없는 상태.
沙上樓閣(사상누각)	모래 위에 지은 누각. 어떤 일이나 사물의 기초가 견고하지 못함.

獅子吼(사자후)	사자가 한번 소리를 지르면 짐승들이 다 두려워 복종하듯 부처가 한번 설법하면 세상의 모든 사람들이 다 복종함. 혹은 표독한 아내가 남편을 욕하는 소리. 또는 웅변을 토하는 연설.
蛇足(사족)	뱀의 발. 쓸데없는 짓을 해서 일을 그르침.
事必歸正(사필귀정)	모든 일은 반드시 올바른 데로 귀결됨.
死後藥方文(사후약방문)	일처리가 이미 늦음.
山戰水戰(산전수전)	험한 세상살이를 두루 경험함.
殺身成仁(살신성인)	자기를 희생하여 착한 일을 함.
三顧草廬(삼고초려)	유비가 제갈량을 신하로 등용하려고 그의 초막을 세 번이나 찾아감. 인재를 맞이하기 위하여 자기 몸을 굽히고 몇 번이고 찾음.
三旬九食(삼순구식)	몹시 가난한 살림살이.
三人成虎(삼인성호)	근거 없는 말이라도 여러 사람이 말하면 믿게 됨.
喪家之狗(상가지구)	상갓집 개. 초라한 모습으로 먹을 것을 찾아 헤매는 사람.
桑田碧海(상전벽해)	뽕나무 밭이 푸른 바다가 됨. 세상이 엄청나게 변했음을 비유.
塞翁之馬(새옹지마)	변방 노인네의 말. 인생의 길흉화복이 무상하여 예측할 수 없음.
西施捧心(서시봉심)	무조건 남의 흉내를 내어 웃음거리가 됨. 效顰
束手無策(속수무책)	손을 묶어 계책을 낼 수 없듯 어찌할 도리가 없음.
送舊迎新(송구영신)	묵은 것을 보내고 새것을 맞이함.
宋襄之仁(송양지인)	송나라 양공의 어짊. 분수도 모르면서 남을 동정하는 어리석은 어짊.
首丘初心(수구초심)	여우가 죽을 때는 자기가 태어난 언덕 쪽으로 머리를 두듯 고향을 그리는 마음을 일컬음.
手不釋卷(수불석권)	손에서 책을 놓지 않음. 열심히 공부함.
袖手傍觀(수수방관)	팔짱을 끼고 옆에서 보기만 함. 응당 해야 할 일에 아무런 손도 쓰지 않고 그저 보고만 있음.
守株待兎(수주대토)	융통성이 없음.
脣亡齒寒(순망치한)	입술이 없으면 이가 시리다. 이해가 얽히어 서로 영향을 주고받

는 밀접한 관계.

識字憂患(식자우환) 글자를 아는 것이 오히려 근심이 된다. 학식이 있는 것이 오히려 근심을 불러일으킬 수 있음.

信賞必罰(신상필벌) 공이 있으면 상을 주고 죄가 있으면 벌을 줌.

十匙一飯(십시일반) 여러 사람이 조금씩 도우면 큰 힘이 될 수 있음.

ㅇ

阿鼻叫喚(아비규환) 아비지옥과 규환지옥. 여러 사람이 비참한 지경에 빠져 울부짖는 참상.

我田引水(아전인수) 제 논에 물을 끌어다 들인다. 무슨 일을 자기에게 이로운 대로만 함.

安貧樂道(안빈낙도) 가난을 편안히 여기며 도를 즐김.

眼下無人(안하무인) 교만하여 남들을 업신여김.

殃及池魚(앙급지어) 재앙이 연못 속의 고기에 미치다. 뜻하지 않은 곳에 재난이 미침.

羊頭狗肉(양두구육) 밖에 양머리를 내걸고 개고기를 판다. 겉으로는 훌륭하지만 속으로는 형편없는 것.

梁上君子(양상군자) 대들보 위의 군자. 도둑을 뜻함.

良藥苦口(양약고구) 좋은 약은 입에 씀. 忠言逆於耳

逆鱗(역린) 용의 목에 거꾸로 난 비늘. 군주의 분노 또는 군주가 분개할 만한 그의 약점을 가리킴.

漁父之利(어부지리) 조개와 도요새가 서로지지 않으려고 다투다가 어부에게 둘 다 사로잡힘. 양자가 싸우다가 제삼자가 이익을 봄.

易地思之(역지사지) 처지를 바꾸어서 생각함.

緣木求魚(연목구어) 나무에 올라 물고기를 구함. 엉뚱한 곳에서 목적한 바를 이루려 하기에 목적 달성이 불가능함.

五里霧中(오리무중) 오 리에 걸쳐 낀 안개 속. 무슨 일에 대하여 알 길이 없음.

寤寐不忘(오매불망)	자나 깨나 잊지 못함.
吾鼻三尺(오비삼척)	자기 사정이 급해서 남을 돌 볼 형편이 되지 않음.
烏飛梨落(오비이락)	우연의 일치로 억울하게 혐의를 받거나 난처한 일에 처하게 됨.
五十步百步(오십보백보)	오십 보 도망간 자가 백 보 도망가나 자를 비웃다. 정도의 차이는 있으나 본질적으로 같음.
吳越同舟(오월동주)	서로 적의를 품은 사람이 같은 처지에 있거나 한자리에 있음. 아무리 사이가 좋지 않은 사람이라도 같은 목적을 이루기 위해서는 손을 잡아야 함.
烏合之卒(오합지졸)	임시로 모집하여 훈련이 안 된 군사.
溫故知新(온고지신)	옛 것을 익히고 그것으로 미루어 새 것을 앎.
臥薪嘗膽(와신상담)	섶에 누워 자고 쓸개를 맛보다. 복수를 위해 온갖 어려운 일을 참고 견딤.
蝸牛角上爭(와우각상쟁)	달팽이 뿔 위에서의 다툼. 아주 사소하고 보잘 것 없는 일로 싸움.
龍頭蛇尾(용두사미)	처음은 야단스럽게 시작하였으나 결말은 흐지부지하게 됨.
愚公移山(우공이산)	우공이 산을 옮기다. 불가능해 보이는 일도 포기하지 않고 끝까지 하면 성공할 수 있음.
牛刀割鷄(우도할계)	소 잡는 칼을 닭 잡는 데 사용함. 작은 일에 그릇이 큰 인물을 잘못 등용함을 비유.
殷鑑不遠(은감불원)	은나라의 거울이 멀지 않다. 이전의 실패를 거울로 삼아야 함.
泣斬馬謖(읍참마속)	울면서 마속의 목을 배다. 공정한 법을 집행하기 위해 사사로운 감정을 없앰.
危機一髮(위기일발)	위급함이 매우 절박한 순간.
韋編三絶(위편삼절)	가죽으로 엮은 끈이 세 번이나 끊이점. 공자가 말년에 주역에 심취하여 이를 읽다가 끈이 세 차례 끊어졌다는 것으로 독서에 열중함을 일컬음.
流言蜚語(유언비어)	근거 없이 떠도는 말.
以心傳心(이심전심)	마음에서 마음으로 전한다. 마음에서 마음으로 뜻이 전해짐.

以夷制夷(이이제이)	오랑캐로써 오랑캐를 제압한다. 다른 나라의 힘을 이용하여 또 다른 나라를 견제함.
二律背反(이율배반)	서로 모순되어 양립할 수 없는 두 개의 명제.
李下不整冠(이하부정관)	오얏나무 아래서 갓을 고쳐 쓰지 말라. 남에게 의심을 살만한 일은 아예 하지 말라는 뜻.
一刻千金(일각천금)	아무리 짧은 시간도 천금과 같이 귀중함.
一擧兩得(일거양득)	한 가지 일로 두 가지 이득을 얻음.
一字千金(일자천금)	한 글자에 천금. 매우 빼어난 글자나 시문을 비유한 말.
因果應報(인과응보)	원인과 결과에는 반드시 그에 합당한 이유가 있음.
日暮途遠(일모도원)	해는 저무는데 갈 길은 멂. 나이는 들어가는데 할 일은 아직도 많이 있음.
日就月將(일취월장)	날로 나아가고 달로 나아감. 학업이 계속 진보함.

ㅈ

自家撞着(자가당착)	자기가 한 말이나 행동의 전후가 모순됨.
自强不息(자강불식)	스스로 부지런히 힘써 쉬지 않음.
自繩自縛(자승자박)	자기의 새끼줄로 자기 목을 맴. 자신의 언행으로 말미암아 스스로 곤란을 겪음.
自業自得(자업자득)	자기가 저지른 일의 과보가 자기 자신에게 돌아감.
張三李四(장삼이사)	이름이나 신분이 특별하지 않은 평범한 사람들.
才勝德薄(재승덕박)	재주는 있으나 덕이 적음.
賊反荷杖(적반하장)	도둑이 도리어 매를 든다. 잘못한 사람이 도리어 잘못 없는 사람을 나무람.
戰戰兢兢(전전긍긍)	매우 두려워 벌벌 떨며 조심함.
轉轉反側(전전반측)	뒤척거리며 잠 못 이루는 모양.
轉禍爲福(전화위복)	재앙이 바뀌어 도리어 복이 됨.

切齒腐心(절치부심) 이를 갈고 속이 썩을 정도로 몹시 분함.

漸入佳境(점입가경) 점점 더 재미있는 경지로 들어감.

頂門一鍼(정문일침) 정수리에 침을 하나 준다. 남의 잘못의 급소를 찾아 따끔하게 충고함.

井底之蛙(정저지와) 우물 안의 개구리. 식견이 좁아 세상 물정을 잘 모르는 사람.

糟糠之妻(조강지처) 지게미와 겨를 먹으며 고생을 함께 한 아내. 본처.

朝令暮改(조령모개) 아침에 내린 명령을 저녁에 고침. 법령이나 명령을 자주 바꿈.

朝三暮四(조삼모사) 간사한 꾀로 남을 속여 농락함.

走馬加鞭(주마가편) 달리는 말에 채찍을 더함. 열심히 하는 사람을 더욱 격려함.

走馬看山(주마간산) 사물을 자세히 보지 못하고 겉만 대강 보고 지나는 것.

竹馬故友(죽마고우) 어릴 때부터 사귄 친구.

衆口難防(중구난방) 여러 사람의 입을 막기 어려움.

衆寡不敵(중과부적) 적을 수로 많은 수를 대적할 수 없음.

指鹿爲馬(지록위마) 윗사람을 농락하고 권세를 제 마음대로 휘두름.

ㅊ

滄海一粟(창해일속) 넓고 큰 바다 가운데 좁쌀 한 알. 지극히 미약하여 보잘 것이 없음.

千慮一失(천려일실) 천 번 생각해도 한 번 실수함. 지혜로운 사람도 많은 생각 가운데 실수를 할 수 있음.

千載一遇(천재일우) 좀처럼 만나기 어려운 기회.

天衣無縫(천의무봉) 선녀의 옷은 바느질 자국이 없다. 시문 등이 지극히 자연스럽고 아름다움.

靑雲之志(청운지지) 출세하고자 하는 마음.

靑出於藍(청출어람) 제자가 스승보다 나음.

焦眉之急(초미지급) 눈썹이 타들어가듯이 위급한 상황. 매우 위급함.

寸鐵殺人(촌철살인) 간단한 말로 남을 감동시키거나 남의 약점을 찌름.

忠言逆耳(충언역이) 충직한 말은 귀에 거슬린다. 바르게 충고하는 말일수록 듣기 싫어함.

針小棒大(침소봉대) 작은 일을 크게 불려 허풍을 떠는 것.

ㅋ

快刀亂麻(쾌도난마) 잘 드는 칼로 어지럽게 얽힌 삼 가닥을 자르다. 어지럽게 얽힌 일을 명쾌하게 해결함.

ㅌ

他山之石(타산지석) 다른 산의 나쁜 돌이라도 내 옥을 가는데 도움이 된다. 다른 사람의 사소한 언행이나 실수도 나에게는 커다란 교훈이나 도움이 될 수 있음.

卓上空論(탁상공론) 현실을 고려하지 않고 책상 위에서 나누는 쓸데없는 의논.

泰斗(태두) 태산과 북두칠성. 어떤 분야의 권위자.

兎死狗烹(토사구팽) 이용가치가 다하면 가차 없이 버림.

推敲(퇴고) 글을 지을 때 여러 번 생각하여 다듬고 고침.

ㅍ

破鏡(파경) 부부의 관계가 갈라져 헤어짐.

破竹之勢(파죽지세) 맹렬하여 아무도 막을 수 없는 기세.

破天荒(파천황) 이전에 아무도 한 적이 없는 큰 일을 처음으로 해냄.

平地風波(평지풍파) 고요한 땅에 바람과 물결을 일으킨다. 공연한 일을 만들어서 뜻밖에 분쟁을 일으키거나 사태를 어렵고 시끄럽게 만듦.

風樹之嘆(풍수지탄)　부모가 이미 세상을 떠나 효도를 할 수 없음을 한탄.

風前燈火(풍전등화)　매우 위태로운 처지에 놓임.

匹夫之勇(필부지용)　보잘 것 없는 사내의 용기. 좁은 소견으로 혈기만 믿고 함부로 날뛰는 행동을 비유.

ㅎ

鶴首苦待(학수고대)　학의 목처럼 목을 길게 빼고 기다림. 어떤 일이 이루어지기를 간절히 기대함.

邯鄲之步(한단지보)　한단의 걸음걸이. 제 분수를 잊고 무턱대고 남을 흉내내다가 이것저것 다 잃음.

咸興差使(함흥차사)　심부름을 가서 돌아오지 않거나 아무 소식이 없음.

偕老同穴(해로동혈)　살아서는 같이 늙고 죽어서는 한 곳에 묻힌다. 생사를 같이하고자 하는 부부의 맹세.

螢雪之功(형설지공)　고생을 하며 공부하여 성공함.

狐假虎威(호가호위)　남의 권세에 의지하여 으스댐.

好事多魔(호사다마)　좋은 일에는 나쁜 일이 많이 뒤따른다.

虎死留皮人死留命(호사유피인사유명)　호랑이는 죽어서 가죽을 남기고 사람은 죽어 이름을 남긴다. 사람에게는 재물보다 명예가 소중함을 비유.

浩然之氣(호연지기)　천지간에 두루 퍼진 넓고 큰 기운. 공명정대한 의리가 마음에 가득 차 이루어진 것.

惑世誣民(혹세무민)　세상 사람을 미혹하게 하여 속임.

昏定晨省(혼정신성)　밤낮으로 부모의 안부를 살피고 효도함.

紅一點(홍일점)　여러 남자 가운데 한 여자. 여럿 중에서 눈에 띄는 한 가지를 가리킬 때도 쓰임.

畫龍點睛(화룡점정)　용을 그리고 눈동자를 찍다. 어떤 일의 가장 핵심이 되는 일을 마무리하거나 그 부분을 완성시킴.

換骨奪胎(환골탈태) 앞 시대 사람의 것을 배웠으나 흔적이 드러나지 않고 더 발전된 새로운 것을 만들어 냄. 용모가 뼈대를 바꿔 끼고 태를 빼앗는다는 뜻으로 형용이 좋은 방향으로 달라짐.

膾炙(회자) 널리 사람의 입에 오르내림.

會者定離(회자정리) 사람은 누구나 만나면 헤어지게 마련이다.

後生可畏(후생가외) 후진이 선배보다 젊고 기력이 좋아 학문을 닦음에 따라 큰 인물이 될 수 있으므로 가히 두렵다.

한·중·일 공용한자 800자

1	一	한 일	21	口	입 구
2	乙	새 을	22	己	몸 기
3	人	사람 인	23	女	여자 여
4	十	열 십	24	山	뫼 산
5	二	두 이	25	已	이미 이
6	又	또 우	26	及	미칠 급
7	力	힘 력	27	才	재주 재
8	九	아홉 구	28	千	일천 천
9	八	여덟 팔	29	土	흙 토
10	七	일곱 칠	30	士	선비 사
11	入	들 입	31	久	오랠 구
12	刀	칼 도	32	凡	무릇 범
13	丁	고무래 정	33	亡	망할 망
14	上	윗 상	34	寸	마디 촌
15	大	큰 대	35	川	내 천
16	子	아들 자	36	弓	활 궁
17	小	작을 소	37	夕	저녁 석
18	下	아래 하	38	不	아니 불
19	工	장인 공	39	中	가운데 중
20	三	석 삼	40	天	하늘 천

41	太	클 태	67	木	나무 목
42	日	날 일	68	引	끌 인
43	方	모 방	69	止	그칠 지
44	分	나눌 분	70	父	아비 부
45	五	다섯 오	71	尺	자 척
46	心	마음 심	72	午	낮 오
47	水	물 수	73	牛	소 우
48	月	달 월	74	戶	지게문 호
49	化	될 화	75	氏	성씨 씨
50	比	견줄 비	76	井	우물 정
51	公	공평할 공	77	丹	붉을 단
52	內	안 내	78	仁	어질 인
53	今	이제 금	79	凶	흉할 흉
54	手	손 수	80	匹	짝 필
55	六	여섯 육	81	犬	개 견
56	反	돌이킬 반	82	他	다른 타
57	少	적을 소	83	以	써 이
58	文	글월 문	84	可	옳을 가
59	夫	지아비 부	85	生	날 생
60	火	불 화	86	出	날 출
61	元	으뜸 원	87	主	주인 주
62	毛	터럭 모	88	用	쓸 용
63	王	임금 왕	89	去	갈 거
64	友	벗 우	90	民	백성 민
65	支	지탱할 지	91	本	근본 본
66	片	조각 편	92	外	밖 외

93	加	더할 가	119	皮	가죽 피
94	四	넉 사	120	令	명령할 령
95	正	바를 정	121	左	왼 좌
96	由	말미암을 유	122	句	글귀 구
97	平	평평할 평	123	右	오른쪽 우
98	代	대신할 대	124	玉	구슬 옥
99	白	흰 백	125	冬	겨울 동
100	立	설 립	126	兄	형 형
101	打	칠 타	127	永	길 영
102	北	북녘 북	128	甲	첫째 천간 갑
103	世	세상 세	129	末	끝 말
104	必	반드시 필	130	瓦	기와 와
105	目	눈 목	131	巨	클 거
106	市	시장 시	132	幼	어릴 유
107	且	또 차	133	甘	달 감
108	布	펼 포	134	仙	신선 선
109	石	돌 석	135	申	펼 신
110	母	어미 모	136	冊	책 책
111	未	아닐 미	137	丙	셋째 천간 병
112	半	반 반	138	在	있을 재
113	示	보일 시	139	有	있을 유
114	古	옛 고	140	地	땅 지
115	史	역사 사	141	全	온전할 전
116	失	잃을 실	142	年	해 년
117	功	공 공	143	多	많을 다
118	田	밭 전	144	自	스스로 자

145	好	좋을 호	171	式	법 식
146	行	다닐 행	172	死	죽을 사
147	同	같을 동	173	早	이를 조
148	成	이룰 성	174	列	벌일 렬
149	如	같을 여	175	江	강 강
150	老	늙을 로	176	衣	옷 의
151	因	인할 인	177	存	있을 존
152	向	향할 향	178	忙	바쁠 망
153	合	합할 합	179	守	지킬 수
154	各	각각 각	180	充	채울 충
155	百	일백 백	181	考	생각할 고
156	西	서녘 서	182	血	피 혈
157	回	돌 회	183	印	도장 인
158	次	버금 차	184	肉	고기 육
159	先	먼저 선	185	危	위태할 위
160	名	이름 명	186	曲	굽을 곡
161	再	다시 재	187	耳	귀 이
162	安	편안 안	188	羊	양 양
163	共	함께 공	189	休	쉴 휴
164	光	빛 광	190	伐	칠 벌
165	至	이를 지	191	竹	대 죽
166	收	거둘 수	192	吉	길할 길
167	交	사귈 교	193	伏	엎드릴 복
168	字	글자 자	194	刑	형벌 형
169	米	쌀 미	195	朱	붉을 주
170	色	빛 색	196	仰	우러를 앙

197	舌	혀 설	223	何	어찌 하
198	宅	집 택	224	步	걸음 보
199	宇	집 우	225	技	재주 기
200	寺	절 사	226	告	고할 고
201	兆	조 조	227	兵	군사 병
202	我	나 아	228	言	말씀 언
203	作	지을 작	229	低	낮을 저
204	見	볼 견	230	足	발 족
205	利	이로울 리	231	角	뿔 각
206	位	자리 위	232	助	도울 조
207	走	달아날 주	233	防	막을 방
208	完	완전할 완	234	希	바랄 희
209	別	다를 별	235	村	마을 촌
210	形	형상 형	236	投	던질 투
211	決	결단할 결	237	弟	아우 제
212	身	몸 신	238	良	어질 량
213	改	고칠 개	239	初	처음 초
214	車	수레 차(거)	240	均	고를 균
215	快	쾌할 쾌	241	男	사내 남
216	花	꽃 화	242	判	판단할 판
217	住	살 주	243	冷	찰 랭
218	志	뜻 지	244	材	재목 재
219	每	매양 매	245	君	임금 군
220	更	다시갱/고칠경	246	困	곤할 곤
221	究	연구할 구	247	否	아닐 부
222	近	가까울 근	248	迎	맞을 영

249	吹	불 취	275	法	법 법
250	私	사사로울 사	276	定	정할 정
251	忘	잊을 망	277	兩	두 량
252	序	차례 서	278	明	밝을 명
253	佛	부처 불	279	使	부릴 사
254	辛	매울 신	280	物	만물 물
255	尾	꼬리 미	281	知	알 지
256	妙	묘할 묘	282	表	겉 표
257	壯	씩씩할 장	283	者	사람 자
258	貝	조개 패	284	兒	아이 아
259	忍	참을 인	285	命	목숨 명
260	豆	콩 두	286	性	성품 성
261	秀	빼어날 수	287	果	열매 과
262	卵	알 란	288	門	문 문
263	臣	신하 신	289	東	동녘 동
264	赤	붉을 적	290	放	놓을 방
265	扶	도울 부	291	官	벼슬 관
266	孝	효도 효	292	爭	다툴 쟁
267	姉	손위누이 자	293	取	취할 취
268	的	과녁 적	294	育	기를 육
269	來	올 래	295	直	곧을 직
270	和	화할 화	296	治	다스릴 치
271	到	이를 도	297	金	쇠 금 / 성 김
272	事	일 사	298	受	받을 수
273	所	바 소	299	非	아닐 비
274	長	긴 장	300	油	기름 유

301	林	수풀 림	327	妹	누이 매
302	空	빌 공	328	味	맛 미
303	往	갈 왕	329	松	소나무 송
304	易	바꿀 역 / 쉬울 이	330	季	계절 계 / 끝 계
305	京	서울 경	331	枝	가지 지
306	服	옷 복	332	宗	마루 종
307	河	물 하	333	招	부를 초
308	若	같을 약	334	店	가게 점
309	房	방 방	335	幸	다행 행
310	注	물댈 주	336	妻	아내 처
311	英	꽃부리 영	337	抱	안을 포
312	苦	쓸 고	338	虎	범 호
313	始	비로소 시	339	卷	책 권
314	念	생각할 념	340	杯	잔 배
315	武	굳셀 무	341	姓	성 성
316	例	법식 예	342	典	법 전
317	雨	비 우	343	彼	저 피
318	固	굳을 고	344	奉	받들 봉
319	夜	밤 야	345	舍	집 사
320	協	화할 협	346	叔	아저씨 숙
321	免	면할 면	347	忠	충성 충
322	承	이을 승	348	宙	집 우
323	依	의지할 의	349	泣	울 읍
324	波	물결 파	350	昔	옛 석
325	居	살 거	351	卒	마칠 졸
326	呼	부를 호	352	是	이 / 옳을 시

353	要	구할 / 중요할 요	379	省	살필 성 / 줄일 생
354	活	살 활	380	風	바람 풍
355	面	낯 면	381	持	가질 지
356	後	뒤 후	382	約	맺을 약
357	看	볼 간	383	神	귀신 신
358	前	앞 전	384	甚	심할 심
359	政	정사 정	385	飛	날 비
360	度	법도 도	386	食	먹을 식
361	重	무거울 중	387	首	머리 수
362	相	서로 상	388	故	연고 고
363	便	편할 편	389	草	풀 초
364	軍	군사 군	390	送	보낼 송
365	建	세울 건	391	音	소리 음
366	革	가죽 혁	392	洋	큰바다 양
367	美	아름다울 미	393	紅	붉을 홍
368	南	남녘 남	394	城	성 성
369	計	꾀 계	395	客	손님 객
370	界	지경 계	396	屋	집 옥
371	海	바다 해	397	律	법칙 률
372	思	생각 사	398	施	베풀 시
373	品	물건 품	399	急	급할 급
374	指	가르킬 지	400	星	별 성
375	科	과목 과	401	帝	임금 제
376	保	지킬 보	402	待	기다릴 대
377	則	법 칙	403	春	봄 춘
378	信	믿을 신	404	限	한정할 한

405	室	방 실	431	個	낱 개
406	香	향기 향	432	時	때 시
407	退	물러날 퇴	433	能	능할 능
408	祖	조상 조	434	家	집 가
409	威	위엄 위	435	起	일어날 기
410	洞	마을 동	436	高	높을 고
411	洗	씻을 세	437	氣	기운 기
412	昨	어제 작	438	原	근원 원
413	拜	절 배	439	展	펼 전
414	秋	가을 추	440	通	통할 통
415	厚	두터울 후	441	華	고울 화
416	追	쫓을 추	442	特	특별할 특
417	皆	다 개	443	書	글 서
418	勇	날랠 용	444	馬	말 마
419	恨	한 한	445	造	지을 조
420	皇	임금 황	446	流	흐를 류
421	怒	성낼 노	447	記	기록할 기
422	俗	풍속 속	448	根	뿌리 근
423	祝	빌 축	449	料	헤아릴 료
424	拾	주울 습 / 열 십	450	連	잇닿을 련
425	柳	버들 유	451	師	스승 사
426	泉	샘 천	452	校	학교 교
427	柔	부드러울 유	453	席	자리 석
428	哀	슬플 애	454	病	병 병
429	怨	원망할 원	455	笑	웃을 소
430	逆	거스를 역	456	除	덜 제

457	速	빠를 속	483	孫	손자 손
458	害	해할 해	484	庭	뜰 정
459	消	사라질 소	485	島	섬 도
460	破	깨뜨릴 파	486	弱	약할 약
461	容	얼굴 용	487	徒	무리 도
462	修	닦을 수	488	浪	물결 랑
463	效	본받을 효	489	純	순수할 순
464	留	머무를 류	490	乘	탈 승
465	致	이를 치	491	耕	밭갈 경
466	財	재물 재	492	悟	깨달을 오
467	旅	나그네 려	493	泰	클 태
468	益	더할 익	494	浮	뜰 부
469	素	흴 소	495	胸	가슴 흉
470	恩	은혜 은	496	栽	심을 재
471	酒	술 주	497	勉	힘쓸 면
472	降	내릴 강/항복할 항	498	眠	잠잘 면
473	案	책상 안	499	浴	목욕할 욕
474	紙	종이 지	500	國	나라 국
475	借	빌 차	501	得	얻을 득
476	殺	죽일 살	502	動	움직일 동
477	射	쏠 사	503	都	도읍 도
478	針	바늘 침	504	進	나아갈 진
479	烈	매울 렬	505	着	붙을 착
480	訓	가르칠 훈	506	部	관청 부
481	夏	여름 하	507	問	물을 문
482	骨	뼈 골	508	從	좇을 종

509	現	나타날 현	535	婦	지어미 부
510	著	나타날 저	536	黃	누를 황
511	理	다스릴 리	537	視	볼 시
512	第	차례 제	538	責	꾸짖을 책
513	將	장수 장	539	密	빽빽할 밀
514	情	뜻 정	540	貨	재화 화
515	常	항상 상	541	救	구원할 구
516	接	이을 접	542	終	마칠 종
517	設	베풀 설	543	停	머무를 정
518	許	허락할 허	544	章	문장 장
519	務	힘쓸 무	545	頂	정수리 정
520	基	터 기	546	假	거짓/임시 가
521	深	깊을 심	547	訪	찾을 방
522	處	곳 처	548	野	들 야
523	眼	눈 안	549	麥	보리 맥
524	望	바랄 망	550	唱	부를 창
525	商	장사 상	551	菜	나물 채
526	習	익힐 습	552	堂	집 당
527	參	석 삼/참여할 참	553	移	옮길 이
528	婚	혼인할 혼	554	異	다를 이
529	球	공 구	555	脫	벗을 탈
530	細	가늘 세	556	執	잡을 집
531	推	밀 추	557	貧	가난할 빈
532	族	겨레 족	558	敗	패할 패
533	船	배 선	559	混	섞일 혼
534	魚	고기 어	560	探	찾을 탐

561	盛	성할 성	587	間	사이 간
562	鳥	새 조	588	量	헤아릴/분량 량
563	陸	뭍 육	589	幾	기미/몇 기
564	陰	그늘 음	590	最	가장 최
565	欲	바랄 욕	591	結	맺을 결
566	閉	닫을 폐	592	給	줄 급
567	唯	오직 유	593	期	기약할 기
568	雪	눈 설	594	萬	일만 만
569	淨	깨끗할 정	595	報	갚을/알릴 보
570	淺	얕을 천	596	運	옮길 운
571	虛	빌 허	597	極	다할 극
572	惜	아낄 석	598	統	거느릴 통
573	授	줄 수	599	勞	힘쓸 노
574	患	근심 환	600	場	마당 장
575	宿	잘 숙	601	達	통달할 달
576	凉	서늘할 량	602	單	홑 단
577	晝	낮 주	603	須	모름지기 수
578	崇	높일 숭	604	備	갖출 비
579	祭	제사 제	605	集	모을 집
580	就	나아갈 취	606	勝	이길 승
581	道	길 도	607	遊	놀 유
582	發	필 발	608	喜	기쁠 희
583	過	지날/잘못 과	609	落	떨어질 낙
584	等	등급 등	610	黑	검을 흑
585	無	없을 무	611	買	살 매
586	然	그러할 연	612	堅	굳을 견

613	陽	볕 양	639	街	거리 가
614	富	부자 부	640	湖	호수 호
615	答	대답할 답	641	雄	수컷/씩씩할 웅
616	揚	날릴 양	642	稅	세금 세
617	葉	잎 엽	643	寒	찰 한
618	朝	아침 조	644	尊	높을 존
619	雲	구름 운	645	番	차례 번
620	敢	감히 감	646	勤	부지런할 근
621	圓	둥글 원	647	賀	하례할 하
622	畵	그림 화	648	悲	슬플 비
623	減	덜 감	649	喪	잃을 상
624	短	짧을 단	650	閑	한가할 한
625	飯	밥 반	651	惠	은혜 혜
626	善	착할 선	652	晴	갤 청
627	童	아이 동	653	暑	더울 서
628	散	흩을 산	654	貯	쌓을 저
629	惡	악할 악/미워할 오	655	會	모일 회
630	貴	귀할 귀	656	經	지날/다스릴 경
631	植	심을 식	657	新	새 신
632	登	오를 등	658	電	번개 전
633	敬	공경할 경	659	業	업 업
634	景	경치 경	660	當	마땅할 당
635	偉	훌륭할 위	661	義	옳을 의
636	遇	만날 우	662	意	뜻 의
637	順	순할 순	663	想	생각 상
638	筆	붓 필	664	話	이야기 화

665	與	더불 여	691	誠	정성 성
666	路	길 로	692	愁	근심 수
667	農	농사 농	693	慈	사랑할 자
668	解	풀 해	694	說	말씀 설
669	愛	사랑 애	695	對	대할 대
670	號	이름 호	696	種	씨 종
671	節	마디 절	697	實	열매 실
672	傳	전할 전	698	領	거느릴 령
673	勢	형세 세	699	認	알 인
674	遠	멀 원	700	圖	그림 도
675	感	느낄 감	701	算	셈 산
676	溫	따뜻할 온	702	廣	넓을 광
677	試	시험할 시	703	精	정성스러울 정
678	滿	찰 만	704	銀	은 은
679	歲	해 세	705	盡	다할 진
680	煙	연기 연	706	輕	가벼울 경
681	傷	상처 상	707	適	맞을 적
682	福	복 복	708	端	끝 단
683	漢	한나라 한	709	聞	들을 문
684	罪	죄 죄	710	語	말씀 어
685	暗	어두울 암	711	察	살필 찰
686	園	동산 원	712	練	익힐 련
687	詩	시 시	713	誤	그르칠 오
688	禁	막을 금	714	歌	노래 가
689	聖	성인 성	715	綠	푸를 록
690	暖	따뜻할 난	716	榮	영화 영

717	穀	곡식 곡	743	億	억 억
718	墨	먹 묵	744	舞	춤출 무
719	鳴	울 명	745	齒	이 치
720	鼻	코 비	746	慶	경사 경
721	漁	고기잡을 어	747	暴	사나울 폭/포
722	壽	목숨 수	748	潔	깨끗할 결
723	暮	저물 모	749	遺	남길 유
724	論	논의할 논	750	賞	상/상줄 상
725	數	셈 수	751	憂	근심할 우
726	線	줄 선	752	學	배울 학
727	質	바탕 질	753	頭	머리 두
728	熱	더울 렬	754	戰	싸움 전
729	增	더할 증	755	親	친할 친
730	調	고를 조	756	樹	나무 수
731	請	청할 청	757	錢	돈 전
732	德	덕 덕	758	興	일 흥
733	談	이야기 담	759	餘	남을 여
734	選	뽑을 선	760	獨	홀로 독
735	價	값 가	761	橋	다리 교
736	養	기를 양	762	燈	등잔 등
737	樂	풍류 악	763	靜	고요할 정
738	敵	원수 적	764	憶	생각할 억
739	誰	누구 수	765	應	응할 응
740	賣	살 매	766	聲	소리 성
741	諸	모두 제	767	講	외울 강
742	課	공부할/과정 과	768	舊	옛 구

769	鮮	고울 선	785	議	의논할 의
770	謝	사례할 사	786	嚴	엄할 엄
771	關	빗장 관	787	鐘	쇠북 종
772	題	제목 제	788	競	다툴 경
773	難	어려울 난	789	權	권세 권
774	醫	의원 의	790	鐵	쇠 철
775	藝	재주 예	791	續	이을 속
776	歸	돌아갈 귀	792	歡	기뻐할 환
777	蟲	벌레 충	793	露	이슬 로
778	藥	약 약	794	聽	들을 청
779	禮	예도 예	795	讀	읽을 독
780	豊	풍성할 풍	796	驚	놀랄 경
781	識	알 식	797	體	몸 체
782	證	증거 증	798	變	변할 변
783	願	원할 원	799	觀	볼 관
784	勸	권할 권	800	讓	사양할 양

참고문헌

김성회·『리더를 위한 한자 인문학』, 북스톤, 2016.

김언종 지음, 『한자의 뿌리』 1·2, 문학동네, 2001.

박무영 외, 『생활한문』, 연세대학교 출판부, 2010.

박흥수, 「한자 숫자의 문화적 의미」, 『중국학 연구』 제39집, 2007.

石定果·羅衛東 편, 이강재 역, 『중국문화와 한자』, 역락, 2013.

小山鐵郎 著, 劉名揚 譯, 『快樂的 漢字』, 漫遊者文化事業股份有限公司, 2013.

안재윤·김고은, 『아침을 깨우는 한자』, 어바웃어북, 2012.

정민 외, 『살아있는 한자 교과서』, 휴머니스트, 2011.

허경진·유춘동, 『대학생이 알아야 할 한자』, 연세대학교 출판부, 2010.

황수연

홍익대학교 교양과 초빙교수. 연세대학교 국문과에서 학부 및 박사를 마쳤다.
조선 여성의 삶과 역사에 대한 글을 번역하고 연구하고 있다. 「조선 여성의 공적 발언」(2018), 「본조여사 연구」(2018) 등의 논문과 『19세기·20세기 초 여성생활사 자료집』, 『18세기·20세기 초 여성생활사 자료집』, 『17세기 여성생활사 자료집』(공역) 등의 저역서가 있다.

한자와 문화

2019년 2월 28일 초판 1쇄 펴냄

지은이 황수연
펴낸이 김흥국
펴낸곳 보고사

등록 1990년 12월 13일 제6-0429호
주소 경기도 파주시 회동길 337-15 보고사
전화 031)955-9797(代)
02)922-5120~1(편집), 02)922-2246(영업)
팩스 02)922-6990
메일 kanapub3@naver.com
http://www.bogosabooks.co.kr

ISBN 979-11-5516-886-8 03700

정가 15,000원

워크북

漢字 & 文化

황수연

이름	
학번	
소속	학부(과) 학년

보고사
BOGOSA

한자와 문화

워크북

夫	婦	夫	婦	夫	婦	夫	婦	夫	婦
부부 [지아비 부, 지어미 부]									

奇	異	奇	異	奇	異	奇	異	奇	異
기이 [기이할 기, 다를 이]									

喪	失	喪	失	喪	失	喪	失	喪	失
상실 [잃을 상, 잃을 실]									

契	約	契	約	契	約	契	約	契	約
계약 [맺을 계, 묶을 약]									

奪	取	奪	取	奪	取	奪	取	奪	取
탈취 [빼앗을 탈, 취할 취]									

在	職	在	職	在	職	在	職	在	職
재직 [있을 재, 일 직]									

平	均	平	均	平	均	平	均	平	均
평균 [고를 평, 고를 균]									

乾	坤	乾	坤	乾	坤	乾	坤	乾	坤
평균 [하늘 건, 땅 곤]									

固	執	固	執	固	執	固	執	固	執
고집 [굳을 고, 잡을 집]									

栽	培	栽	培	栽	培	栽	培	栽	培
재배 [심을 재, 북돋을 배]									

區	域	區	域	區	域	區	域	區	域
구역 [지경 구, 지경 역]									

堅	持	堅	持	堅	持	堅	持	堅	持
견지 [굳을 견, 가질 지]									

報	告	報	告	報	告	報	告	報	告
보고 [알릴 보, 알릴 고]									

省	墓	省	墓	省	墓	省	墓	省	墓
성묘 [살필 성, 무덤 묘]									

場	所	場	所	場	所	場	所	場	所
장소 [마당 장, 곳 소]									

增	減	增	減	增	減	增	減	增	減
증감 [더할 증, 덜 감]									

雲	集	雲	集	雲	集	雲	集	雲	集
운집 [구름 운, 모일 집]									

停	電	停	電	停	電	停	電	停	電
정전 [멈출 정, 전기 전]									

需	要	需	要	需	要	需	要	需	要
수요 [구할 수, 구할 요]									

露	出	露	出	露	出	露	出	露	出
노출 [드러낼 로, 낼 출]									

元	旦	元	旦	元	旦	元	旦	元	旦
원단 [으뜸 원, 아침 단]									

初	旬	初	旬	初	旬	初	旬	初	旬
초순 [처음 초, 열흘 순]									

昌	盛	昌	盛	昌	盛	昌	盛	昌	盛
창성 [창성할 창, 성할 성]									

交	易	交	易	交	易	交	易	交	易
교역 [서로 교, 바꿀 역]									

難	易	度	難	易	度	難	易	度
난이도 [어려울 난, 쉬울 이, 정도 도]								
難	易	度	難	易	度	難	易	度

黃	昏	黃	昏	黃	昏	黃	昏	黃	昏
황혼 [누를 황, 저녁 혼]									

昭	明	昭	明	昭	明	昭	明	昭	明
소명 [밝을 소, 밝을 명]									

普	及	普	及	普	及	普	及	普	及
보급 [넓을 보, 미칠 급]									
智	慧	智	慧	智	慧	智	慧	智	慧
지혜 [지혜 지, 슬기 혜]									
酷	暑	酷	暑	酷	暑	酷	暑	酷	暑
혹서 [독할 혹, 더위 서]									
歲	暮	歲	暮	歲	暮	歲	暮	歲	暮
세모 [해 세, 저물 모]									
暴	力	暴	力	暴	力	暴	力	暴	力
폭력 [사나울 폭, 힘 력]									
朋	友	朋	友	朋	友	朋	友	朋	友
붕우 [벗 붕, 벗 우]									
所	望	所	望	所	望	所	望	所	望
소망 [바 소, 바랄 망]									

服	務	服	務	服	務	服	務	服	務
복무 [일 복, 일 무]									

早	朝	早	朝	早	朝	早	朝	早	朝
조조 [이를 조, 아침 조]									

明	朗	明	朗	明	朗	明	朗	明	朗
명랑 [밝을 명, 밝을 랑]									

期	待	期	待	期	待	期	待	期	待
기대 [기대할 기, 기다릴 대]									

永	眠	永	眠	永	眠	永	眠	永	眠
영면 [오랠 영, 잠잘 면]									

求	職	求	職	求	職	求	職	求	職
구직 [구할 구, 일 직]									

汚	染	汚	染	汚	染	汚	染	汚	染
오염 [더럽힐 오, 물들일 염]									

決	裁	決	裁	決	裁	決	裁	決	裁
결재 [정할 결, 결정할 재]									

宿	泊	宿	泊	宿	泊	宿	泊	宿	泊
숙박 [잘 숙, 잘 박]									

洗	腦	洗	腦	洗	腦	洗	腦	洗	腦
세뇌 [씻을 세, 골 뇌]									

充	滿	充	滿	充	滿	充	滿	充	滿
충만 [채울 충, 찰 만]									

沐	浴	沐	浴	沐	浴	沐	浴	沐	浴
목욕 [머리감을 목, 몸 씻을 욕]									

涉	外	涉	外	涉	外	涉	外	涉	外
섭외 [이를 섭, 바깥 외]									

取	消	取	消	取	消	取	消	取	消
취소 [없앨 취, 없앨 소]									

淨	化	淨	化	淨	化	淨	化	淨	化
정화 [깨끗할 정, 될 화]									

淺	見	淺	見	淺	見	淺	見	淺	見
천견 [낮을 천, 볼 견]									

淡	白	淡	白	淡	白	淡	白	淡	白
담백 [묽을 담, 깨끗할 백]									

漏	泄	漏	泄	漏	泄	漏	泄	漏	泄
누설 [샐 루, 샐 설]									

經	濟	經	濟	經	濟	經	濟	經	濟
경제 [다스릴 경, 구제할 제]									

濫	用	濫	用	濫	用	濫	用	濫	用
남용 [넘칠 람, 쓸 용]									

沈	沒	沈	沒	沈	沒	沈	沒	沈	沒
침몰 [가라앉을 침, 빠질 몰]									

半	島	半	島	半	島	半	島	半	島
반도 [반 반, 섬 도]									
崇	尙	崇	尙	崇	尙	崇	尙	崇	尙
숭상 [높일 숭, 높일 상]									
樹	木	樹	木	樹	木	樹	木	樹	木
수목 [나무 수, 나무 목]									
始	末	始	末	始	末	始	末	始	末
시말 [처음 시, 끝 말]									
人	材	人	材	人	材	人	材	人	材
인재 [사람 인, 재목 재]									
約	束	約	束	約	束	約	束	約	束
약속 [약속 약, 약속 속]									
祝	杯	祝	杯	祝	杯	祝	杯	祝	杯
축배 [빌 축, 잔 배]									

照	查	照	查	照	查	照	查	照	查
조사 [비출 조, 조사할 사]									

因	果	因	果	因	果	因	果	因	果
인과 [까닭 인, 결과 과]									

柔	順	柔	順	柔	順	柔	順	柔	順
유순 [부드러울 유, 따를 순]									

格	式	格	式	格	式	格	式	格	式
격식 [바로잡을 격, 법 식]									

樂	園	樂	園	樂	園	樂	園	樂	園
낙원 [즐거울 락, 동산 원]									

音	樂	音	樂	音	樂	音	樂	音	樂
음악 [소리 음, 음악 악]									

權	力	權	力	權	力	權	力	權	力
권력 [권세 권, 힘 력]									

仲	介	仲	介	仲	介	仲	介	仲	介
중개 [가운데 중, 낄 개]									

昨	今	昨	今	昨	今	昨	今	昨	今
작금 [어제 작, 이제 금]									

命	令	命	令	命	令	命	令	命	令
명령 [명령할 명, 명령할 령]									

付	託	付	託	付	託	付	託	付	託
부탁 [줄 부, 부탁할 탁]									

奉	仕	奉	仕	奉	仕	奉	仕	奉	仕
봉사 [받들 봉, 섬길 사]									

事	件	事	件	事	件	事	件	事	件
사건 [일 사, 일 건]									

征	伐	征	伐	征	伐	征	伐	征	伐
정벌 [갈 정, 칠 벌]									

任	務	任	務	任	務	任	務	任	務
임무 [맡을 임, 일 무]									

休	息	休	息	休	息	休	息	休	息
휴식 [쉴 휴, 쉴 식]									

住	所	住	所	住	所	住	所	住	所
주소 [살 주, 곳 소]									

侍	從	侍	從	侍	從	侍	從	侍	從
시종 [모실 시, 따를 종]									

補	佐	補	佐	補	佐	補	佐	補	佐
보좌 [도울 보, 도울 좌]									

保	險	保	險	保	險	保	險	保	險
보험 [지킬 보, 험할 험]									

俊	秀	俊	秀	俊	秀	俊	秀	俊	秀
준수 [뛰어날 준, 빼어날 수]									

한자	음 [뜻]	따라 쓰기
販促	판촉 [팔 판, 재촉할 촉]	販 促 販 促 販 促 販 促
俗談	속담 [세속 속, 이야기 담]	俗 談 俗 談 俗 談 俗 談
便利	편리 [편할 편, 이로울 리]	便 利 便 利 便 利 便 利
倫理	윤리 [인륜 륜, 이치 리]	倫 理 倫 理 倫 理 倫 理
賃借	임차 [품 팔 임, 빌 차]	賃 借 賃 借 賃 借 賃 借
價值	가치 [값 가, 값 치]	價 值 價 值 價 值 價 值
具備	구비 [갖출 구, 갖출 비]	具 備 具 備 具 備 具 備

配	偶	者	配	偶	者	配	偶	者
배우자 [짝 배, 짝 우, 사람 자]								
配	偶	者	配	偶	者	配	偶	者

傷	心	傷	心	傷	心	傷	心	傷	心
상심 [다칠 상, 마음 심]									

外	債	外	債	外	債	外	債	外	債
외채 [바깥 외, 빚 채]									

主	催	主	催	主	催	主	催	主	催
주최 [주인 주, 열 최]									

眞	僞	眞	僞	眞	僞	眞	僞	眞	僞
진위 [참 진, 거짓 위]									

勤	儉	勤	儉	勤	儉	勤	儉	勤	儉
근검 [부지런할 근, 검소할 검]									

辨	償	辨	償	辨	償	辨	償	辨	償
변상 [따질 변, 보상할 상]									

優	劣	優	劣	優	劣	優	劣	優	劣
우열 [넉넉할 우, 모자를 열]									

良	好	良	好	良	好	良	好	良	好
양호 [좋을 양, 좋을 호]									

妙	味	妙	味	妙	味	妙	味	妙	味
묘미 [좋을 묘, 맛 미]									

妥	協	妥	協	妥	協	妥	協	妥	協
타협 [마땅할 타, 화합할 협]									

姑	婦	姑	婦	姑	婦	姑	婦	姑	婦
고부 [시어미 고, 며느리 부]									

姊	妹	姊	妹	姊	妹	姊	妹	姊	妹
자매 [윗누이 자, 누이 매]									

한자	읽기	뜻
妻子	처자	[아내 처, 아들 자]
婚姻	혼인	[혼인할 혼, 혼인할 인]
委員	위원	[맡길 위, 인원 원]
歡娛	환오	[기쁠 환, 즐거울 오]
嫌惡	혐오	[싫어할 혐, 미워할 오]
孤獨	고독	[외로울 고, 홀로 독]
季節	계절	[철 계, 계절 절]

祖	孫	祖	孫	祖	孫	祖	孫	祖	孫
조손 [조상 조, 자손 손]									

學	問	學	問	學	問	學	問	學	問
학문 [배울 학, 물을 문]									

忠	孝	忠	孝	忠	孝	忠	孝	忠	孝
충효 [충성 충, 효도 효]									

防	疫	防	疫	防	疫	防	疫	防	疫
방역 [막을 방, 돌림병 역]									

附	加	附	加	附	加	附	加	附	加
부가 [붙일 부, 더할 가]									

昇	降	昇	降	昇	降	昇	降	昇	降
승강 [오를 승, 내릴 강]									

除	名	除	名	除	名	除	名	除	名
제명 [없앨 제, 이름 명]									

制	限	制	限	制	限	制	限	制	限
제한 [만들 제, 한계 한]									

病	院	病	院	病	院	病	院	病	院
병원 [병 병, 집 원]									

陽	性	陽	性	陽	性	陽	性	陽	性
양성 [볕 양, 성질 성]									

隱	居	隱	居	隱	居	隱	居	隱	居
은거 [숨을 은, 살 거]									

部	署	部	署	部	署	部	署	部	署
부서 [부서 부, 관청 서]									

首	都	首	都	首	都	首	都	首	都
수도 [머리 수, 도읍 도]									

故	鄉	故	鄉	故	鄉	故	鄉	故	鄉
고향 [예 고, 고향 향]									

放	牧	放	牧	放	牧	放	牧	放	牧
방목 [놓을 방, 기를 목]									

物	質	物	質	物	質	物	質	物	質
물질 [물건 물, 품질 질]									

特	有	特	有	特	有	特	有	特	有
특유 [특별할 특, 있을 유]									

共	犯	共	犯	共	犯	共	犯	共	犯
공범 [함께 공, 죄인 범]									

現	狀	現	狀	現	狀	現	狀	現	狀
현상 [나타날 현, 형상 상]									

勇	猛	勇	猛	勇	猛	勇	猛	勇	猛
용맹 [용맹할 용, 용맹할 맹]									

獻	金	獻	金	獻	金	獻	金	獻	金
헌금 [바칠 헌, 돈 금]									

到	着	到	着	到	着	到	着	到	着
도착 [이를 도, 이를 착]									

正	義	正	義	正	義	正	義	正	義
정의 [바를 정, 옳을 의]									

處	世	處	世	處	世	處	世	處	世
처세 [처할 처, 세상 세]									

豫	備	豫	備	豫	備	豫	備	豫	備
예비 [미리 예, 갖출 비]									

雙	方	雙	方	雙	方	雙	方	雙	方
쌍방 [두 쌍, 방향 방]									

雜	念	雜	念	雜	念	雜	念	雜	念
잡념 [섞일 잡, 생각 념]									

離	別	離	別	離	別	離	別	離	別
이별 [헤어질 리, 헤어질 별]									

竝	行	竝	行	竝	行	竝	行	竝	行
병행 [아우를 병, 다닐 행]									

文	章	文	章	文	章	文	章	文	章
문장 [글월 문, 글 장]									

競	爭	競	爭	競	爭	競	爭	競	爭
경쟁 [겨룰 경, 다툴 쟁]									

勞	苦	勞	苦	勞	苦	勞	苦	勞	苦
노고 [힘쓸 로, 괴로울 고]									

莫	强	莫	强	莫	强	莫	强	莫	强
막강 [없을 막, 굳셀 강]									

葬	禮	葬	禮	葬	禮	葬	禮	葬	禮
장례 [장사지낼 장, 예도 례]									

輕	薄	輕	薄	輕	薄	輕	薄	輕	薄
경박 [가벼울 경, 엷을 박]									

藥	品	藥	品	藥	品	藥	品	藥	品
약품 [약 약, 물건 품]									

剛	直	剛	直	剛	直	剛	直	剛	直
강직 [굳셀 강, 곧을 직]									

相	似	相	似	相	似	相	似	相	似
상사 [서로 상, 같을 사]									

反	省	反	省	反	省	反	省	反	省
반성 [돌이킬 반, 살필 성]									

眞	實	眞	實	眞	實	眞	實	眞	實
진실 [참 진, 참 실]									

監	督	監	督	監	督	監	督	監	督
감독 [볼 감, 살필 독]									

歷	史	歷	史	歷	史	歷	史	歷	史
역사 [역사 역, 역사 사]									

趣	向	趣	向	趣	向	趣	向	趣	向
취향 [나아갈 취, 나갈 향]									

召	集	召	集	召	集	召	集	召	集
소집 [부를 소, 모을 집]									

公	告	公	告	公	告	公	告	公	告
공고 [공변될 공, 알릴 고]									

調	和	調	和	調	和	調	和	調	和
조화 [고를 조, 화합할 화]									

周	知	周	知	周	知	周	知	周	知
주지 [두루 주, 알 지]									

定	員	定	員	定	員	定	員	定	員
정원 [정할 정, 인원 원]									

包	含	包	含	包	含	包	含	包	含
포함 [쌀 포, 머금을 함]									

哀	悼	哀	悼	哀	悼	哀	悼	哀	悼
애도 [슬플 애, 슬퍼할 도]									

喜	悲	喜	悲	喜	悲	喜	悲	喜	悲
희비 [기쁠 희, 슬퍼할 비]									

肯	定	肯	定	肯	定	肯	定	肯	定
긍정 [기꺼이 긍, 정할 정]									

教	育	教	育	教	育	教	育	教	育
교육 [가르칠 교, 기를 육]									

比	肩	比	肩	比	肩	比	肩	比	肩
비견 [나란히 할, 비 어깨 견]									

背	景	背	景	背	景	背	景	背	景
배경 [뒤 배, 경치 경]									

可	能	可	能	可	能	可	能	可	能
가능 [가할 가, 능할 능]									

空	腹	空	腹	空	腹	空	腹	空	腹
공복 [빌 공, 배 복]									

頂	上	頂	上	頂	上	頂	上	頂	上
정상 [정수리 정, 위 상]									

順	從	順	從	順	從	順	從	順	從
순종 [따를 순, 따를 종]									

必	須	必	須	必	須	必	須	必	須
필수 [반드시 필, 모름지기 수]									

偏	頗	偏	頗	偏	頗	偏	頗	偏	頗
편파 [치우칠 편, 자못 파]									

頻	度	頻	度	頻	度	頻	度	頻	度
빈도 [자주 빈, 정도 도]									

題	目	題	目	題	目	題	目	題	目
제목 [표제 제, 항목 목]									

顔	面	顔	面	顔	面	顔	面	顔	面
안면 [얼굴 안, 얼굴 면]									

請	願	請	願	請	願	請	願	請	願
청원 [청할 청, 바랄 원]									

才	德	才	德	才	德	才	德	才	德
재덕 [재주 재, 덕 덕]									

依	托	依	托	依	托	依	托	依	托
의탁 [기댈 의, 부탁할 탁]									

扶	助	扶	助	扶	助	扶	助	扶	助
부조 [도울 부, 도울 조]									

拙	作	拙	作	拙	作	拙	作	拙	作
졸작 [서툴 졸, 만들 작]									

授	受	授	受	授	受	授	受	授	受
수수 [줄 수, 받을 수]									

探	究	探	究	探	究	探	究	探	究
탐구 [찾을 탐, 궁구할 구]									

損	害	損	害	損	害	損	害	損	害
손해 [덜 손, 해칠 해]									

選	擇	選	擇	選	擇	選	擇	選	擇
선택 [가릴 선, 가릴 택]									

擧	手	擧	手	擧	手	擧	手	擧	手
거수 [들 거, 손 수]									

擴	大	擴	大	擴	大	擴	大	擴	大
확대 [넓힐 확, 큰 대]									

追	跡	追	跡	追	跡	追	跡	追	跡
추적 [쫓을 추, 발자국 적]									

踏	査	踏	査	踏	査	踏	査	踏	査
답사 [밟을 답, 조사할 사]									

實	踐	實	踐	實	踐	實	踐	實	踐
실천 [실행할 실, 밟을 천]									

遠	近	遠	近	遠	近	遠	近	遠	近
원근 [멀 원, 가까울 근]									

返	納	返	納	返	納	返	納	返	納
반납 [되돌릴 반, 들일 납]									

陳	述	陳	述	陳	述	陳	述	陳	述
진술 [펼 진, 말할 술]									

追	慕	追	慕	追	慕	追	慕	追	慕
추모 [쫓을 추, 그리워할 모]									

送	別	送	別	送	別	送	別	送	別
송별 [보낼 송, 이별할 별]									

逃	亡	逃	亡	逃	亡	逃	亡	逃	亡
도망 [도망갈 도, 도망갈 망]									

通	路	通	路	通	路	通	路	通	路
통로 [통할 통, 길 로]									

相	逢	相	逢	相	逢	相	逢	相	逢
상봉 [서로 상, 만날 봉]									

逸	脫	逸	脫	逸	脫	逸	脫	逸	脫
일탈 [달아날 일, 벗어날 탈]									

運	命	運	命	運	命	運	命	運	命
운명 [돌릴 운, 목숨 명]									

過	程	過	程	過	程	過	程	過	程
과정 [지날 과, 길 정]									

違	法	違	法	違	法	違	法	違	法
위법 [어길 위, 법 법]									

遲	延	遲	延	遲	延	遲	延	遲	延
지연 [더딜 지, 끌 연]									

遵	守	遵	守	遵	守	遵	守	遵	守
준수 [따를 준, 지킬 수]									

遺	産	遺	産	遺	産	遺	産	遺	産
유산 [남길 유, 재산 산]									

飢	餓	飢	餓	飢	餓	飢	餓	飢	餓
기아 [주릴 기, 주릴 아]									

飮	酒	飮	酒	飮	酒	飮	酒	飮	酒
음주 [마실 음, 술 주]									

飽	食	飽	食	飽	食	飽	食	飽	食
포식 [배부를 포, 먹을 식]									

養	育	養	育	養	育	養	育	養	育
양육 [기를 양, 기를 육]									

餘	裕	餘	裕	餘	裕	餘	裕	餘	裕
여유 [나머지 여, 넉넉할 유]									

旅	館	旅	館	旅	館	旅	館	旅	館
여관 [나그네 려, 객사 관]									

消	火	消	火	消	火	消	火	消	火
소화 [없앨 소, 불 화]									

災	殃	災	殃	災	殃	災	殃	災	殃
재앙 [재앙 재, 재앙 앙]									

炎	症	炎	症	炎	症	炎	症	炎	症
염증 [염증 염, 증세 증]									

禁	煙	禁	煙	禁	煙	禁	煙	禁	煙
금연 [막을 금, 담배 연]									

燒	却	燒	却	燒	却	燒	却	燒	却
소각 [불사를 소, 없앨 각]									

配	匹	配	匹	配	匹	配	匹	配	匹
배필 [짝 배, 짝 필]									

漢字	읽기	뜻
滿醉	만취	[찰 만, 취할 취]
覺醒	각성	[깨달을 각, 술 깰 성]
美醜	미추	[아름다울 미, 추할 추]
弘益	홍익	[널리 홍, 이로울 익]
盛衰	성쇠	[성할 성, 쇠할 쇠]
强盜	강도	[억지로 강, 훔칠 도]
盟誓	맹서	[맹서할 맹, 맹서할 서]

賣	盡	賣	盡	賣	盡	賣	盡	賣	盡
매진 [팔 매, 다할 진]									

享	年	享	年	享	年	享	年	享	年
향년 [누릴 향, 해 년]									

歸	京	歸	京	歸	京	歸	京	歸	京
귀경 [돌아갈 귀, 서울 경]									

規	則	規	則	規	則	規	則	規	則
규칙 [법 규, 법 칙]									

兩	親	兩	親	兩	親	兩	親	兩	親
양친 [두 양, 어버이 친]									

觀	察	觀	察	觀	察	觀	察	觀	察
관찰 [볼 관, 살필 찰]									

叛	逆	叛	逆	叛	逆	叛	逆	叛	逆
반역 [배반할 반, 거스를 역]									

忘	却	忘	却	忘	却	忘	却	忘	却
망각 [잊을 망, 없앨 각]									

忍	耐	忍	耐	忍	耐	忍	耐	忍	耐
인내 [참을 인, 견딜 내]									

意	志	意	志	意	志	意	志	意	志
의지 [뜻 의, 뜻 지]									

忠	誠	忠	誠	忠	誠	忠	誠	忠	誠
충성 [충성 충, 정성 성]									

忿	怒	忿	怒	忿	怒	忿	怒	忿	怒
분노 [화낼 분, 노할 노]									

怨	恨	怨	恨	怨	恨	怨	恨	怨	恨
원한 [원망할 원, 한 한]									

怠	慢	怠	慢	怠	慢	怠	慢	怠	慢
태만 [게으를 태, 게으를 만]									

恭	敬	恭	敬	恭	敬	恭	敬	恭	敬
공경 [공손할 공, 공경할 경]									

容	恕	容	恕	容	恕	容	恕	容	恕
용서 [용서할 용, 용서할 서]									

恩	惠	恩	惠	恩	惠	恩	惠	恩	惠
은혜 [은혜 은, 은혜 혜]									

羞	恥	羞	恥	羞	恥	羞	恥	羞	恥
수치 [부끄러울 수, 부끄러울 치]									

恒	常	恒	常	恒	常	恒	常	恒	常
항상 [항상 항, 항상 상]									

憂	患	憂	患	憂	患	憂	患	憂	患
우환 [근심 우, 근심 환]									

多	情	多	情	多	情	多	情	多	情
다정 [많을 다, 정 정]									

戀	愛	戀	愛	戀	愛	戀	愛	戀	愛
연애 [그리워할 연, 사랑할 애]									

慾	望	慾	望	慾	望	慾	望	慾	望
욕망 [욕심 욕, 바랄 망]									

申	告	申	告	申	告	申	告	申	告
신고 [펼 신, 알릴 고]									

由	來	由	來	由	來	由	來	由	來
유래 [말미암을 유, 올 래]									

政	界	政	界	政	界	政	界	政	界
정계 [정사 정, 지경 계]									

敬	畏	敬	畏	敬	畏	敬	畏	敬	畏
경외 [공경할 경, 두려워할 외]									

特	異	特	異	特	異	特	異	特	異
특이 [특별할 특, 다를 이]									

計	略	計	略	計	略	計	略	計	略
계략 [꾀 계, 꾀 략]									

順	番	順	番	順	番	順	番	順	番
순번 [따를 순, 번호 번]									

不	當	不	當	不	當	不	當	不	當
부당 [아니 불, 마땅할 당]									

胎	名	胎	名	胎	名	胎	名	胎	名
태명 [아이 밸, 태 이름 명]									

危	殆	危	殆	危	殆	危	殆	危	殆
위태 [위태할 위, 위태할 태]									

始	終	始	終	始	終	始	終	始	終
시종 [비로소 시, 끝 종]									

成	功	成	功	成	功	成	功	成	功
성공 [이룰 성, 일 공]									

社	長	社	長	社	長	社	長	社	長
사장 [단체 사, 우두머리 장]									

警	戒	警	戒	警	戒	警	戒	警	戒
경계 [경계할 경, 경계할 계]									

親	戚	親	戚	親	戚	親	戚	親	戚
친척 [친할 친, 겨레 척]									

戰	爭	戰	爭	戰	爭	戰	爭	戰	爭
전쟁 [싸울 전, 다툴 쟁]									

戱	弄	戱	弄	戱	弄	戱	弄	戱	弄
희롱 [놀릴 희, 놀릴 롱]									

痛	快	痛	快	痛	快	痛	快	痛	快
통쾌 [꽤 통, 쾌할 쾌]									

慙	悔	慙	悔	慙	悔	慙	悔	慙	悔
참회 [부끄러울 참, 뉘우칠 회]									

愁	心	愁	心	愁	心	愁	心	愁	心
수심 [근심 수, 마음 심]									

愚	直	愚	直	愚	直	愚	直	愚	直
우직 [어리석을 우, 곧을 직]									

追	慕	追	慕	追	慕	追	慕	追	慕
추모 [쫓을 추, 사모할 모]									

記	憶	記	憶	記	憶	記	憶	記	憶
기억 [기억할 기, 생각할 억]									

感	懷	感	懷	感	懷	感	懷	感	懷
감회 [느낄 감, 느낄 회]									

哀	惜	哀	惜	哀	惜	哀	惜	哀	惜
애석 [슬플 애, 아까울 석]									

勤	愼	勤	愼	勤	愼	勤	愼	勤	愼
근신 [부지런할 근, 삼갈 신]									

形	態	形	態	形	態	形	態	形	態
형태 [모습 형, 모양 태]									
感	慨	感	慨	感	慨	感	慨	感	慨
감개 [느낄 감, 슬퍼할 개]									
慣	例	慣	例	慣	例	慣	例	慣	例
관례 [익숙할 관, 보기 예]									
慰	安	慰	安	慰	安	慰	安	慰	安
위안 [위로할 위, 편안할 안]									
愛	憎	愛	憎	愛	憎	愛	憎	愛	憎
애증 [사랑할 애, 미워할 증]									
家	族	家	族	家	族	家	族	家	族
가족 [집 가, 겨레 족]									
定	評	定	評	定	評	定	評	定	評
정평 [정할 정, 평할 평]									

宣	布	宣	布	宣	布	宣	布	宣	布
선포 [펼 선, 펼 포]									

宿	願	宿	願	宿	願	宿	願	宿	願
숙원 [오래 숙, 원할 원]									

死	守	死	守	死	守	死	守	死	守
사수 [죽을 사, 지킬 수]									

完	決	完	決	完	決	完	決	完	決
완결 [완전할 완, 정할 결]									

被	害	被	害	被	害	被	害	被	害
피해 [입을 피, 해로울 해]									

宴	會	宴	會	宴	會	宴	會	宴	會
연회 [잔치 연, 모일 회]									

許	容	許	容	許	容	許	容	許	容
허용 [허락할 허, 받아들일 용]									

寄	附	寄	附	寄	附	寄	附	寄	附
기부 [줄 기, 줄 부]									

富	貴	富	貴	富	貴	富	貴	富	貴
부귀 [부유할 부, 귀할 귀]									

安	寧	安	寧	安	寧	安	寧	安	寧
안녕 [편안할 안, 편안할 녕]									

寬	待	寬	待	寬	待	寬	待	寬	待
관대 [너그러울 관, 대할 대]									

施	行	施	行	施	行	施	行	施	行
시행 [베풀 시, 행할 행]									

旅	程	旅	程	旅	程	旅	程	旅	程
여정 [나그네 려, 길 정]									

冥	福	冥	福	冥	福	冥	福	冥	福
명복 [저승 명, 복 복]									

兄	嫂	兄	嫂	兄	嫂	兄	嫂	兄	嫂
형수 [형 형, 형수 수]									

姿	態	姿	態	姿	態	姿	態	姿	態
자태 [모양 자, 모습 태]									

歡	娛	歡	娛	歡	娛	歡	娛	歡	娛
환오 [기쁠 환, 즐거울 오]									

媒	介	媒	介	媒	介	媒	介	媒	介
매개 [중매 매, 낄 개]									

權	威	權	威	權	威	權	威	權	威
권위 [권력 권, 위엄 위]									

殃	禍	殃	禍	殃	禍	殃	禍	殃	禍
앙화 [재앙 앙, 재앙 화]									

殘	餘	殘	餘	殘	餘	殘	餘	殘	餘
잔여 [남을 잔, 나머지 여]									

看	病	看	病	看	病	看	病	看	病
간병 [볼 간, 병 병]									

癡	呆	癡	呆	癡	呆	癡	呆	癡	呆
치매 [어리석을 치, 어리석을 매]									

腹	痛	腹	痛	腹	痛	腹	痛	腹	痛
복통 [배 복, 아플 통]									

疲	困	疲	困	疲	困	疲	困	疲	困
피곤 [지칠 피, 곤할 곤]									

傷	痕	傷	痕	傷	痕	傷	痕	傷	痕
상흔 [아플 상, 상처 흔]									

秋	收	秋	收	秋	收	秋	收	秋	收
추수 [가을 추, 거둘 수]									

改	過	改	過	改	過	改	過	改	過
개과 [고칠 개, 잘못 과]									

漢字	읽기	뜻
攻守	공수	[칠 공, 지킬 수]
開放	개방	[열 개, 놓을 방]
故意	고의	[연고 고, 뜻 의]
效果	효과	[효과 효, 결과 과]
敏感	민감	[빠를 민, 느낄 감]
救援	구원	[구할 구, 도울 원]
宗教	종교	[마루 종, 종교 교]

勝	敗	勝	敗	勝	敗	勝	敗	勝	敗
승패 [이길 승, 질 패]									

勇	敢	勇	敢	勇	敢	勇	敢	勇	敢
용감 [용맹할 용, 용맹할 감]									

敦	篤	敦	篤	敦	篤	敦	篤	敦	篤
돈독 [도타울 돈, 도타울 독]									

尊	敬	尊	敬	尊	敬	尊	敬	尊	敬
존경 [높일 존, 공경할 경]									

整	理	整	理	整	理	整	理	整	理
정리 [가지런할, 정 다스릴 리]									

校	訓	校	訓	校	訓	校	訓	校	訓
교훈 [학교 교, 가르칠 훈]									

記	念	記	念	記	念	記	念	記	念
기념 [기억할 기, 생각 념]									

訴	訟	訴	訟	訴	訟	訴	訟	訴	訟
소송 [소송할 소, 소송할 송]									

新	設	新	設	新	設	新	設	新	設
신설 [새 신, 세울 설]									

許	可	許	可	許	可	許	可	許	可
허가 [허락할 허, 가할 가]									

詐	欺	詐	欺	詐	欺	詐	欺	詐	欺
사기 [속일 사, 속일 기]									

批	評	批	評	批	評	批	評	批	評
비평 [평할 비, 평할 평]									

入	試	入	試	入	試	入	試	入	試
입시 [들 입, 시험 시]									

認	識	認	識	認	識	認	識	認	識
인식 [알 인, 알 식]									

誘	惑	誘	惑	誘	惑	誘	惑	誘	惑
유혹 [꾈 유, 미혹할 혹]									

精	誠	精	誠	精	誠	精	誠	精	誠
정성 [정성스러울 정, 정성 성]									

論	說	論	說	論	說	論	說	論	說
논설 [말할 논, 말씀 설]									

會	談	會	談	會	談	會	談	會	談
회담 [모일 회, 이야기 담]									

請	婚	請	婚	請	婚	請	婚	請	婚
청혼 [청할 청, 혼인할 혼]									

諒	解	諒	解	諒	解	諒	解	諒	解
양해 [헤아릴 양, 이해할 해]									

休	講	休	講	休	講	休	講	休	講
휴강 [쉴 휴, 익힐 강]									

感	謝	感	謝	感	謝	感	謝	感	謝
감사 [고맙게 여길 감, 사례할 사]									

謹	弔	謹	弔	謹	弔	謹	弔	謹	弔
근조 [삼갈 근, 조상할 조]									

變	化	變	化	變	化	變	化	變	化
변화 [변할 변, 될 화]									

歪	曲	歪	曲	歪	曲	歪	曲	歪	曲
왜곡 [비뚤 왜, 굽을 곡]									

更	新	更	新	更	新	更	新	更	新
경신 [고칠 경, 새 신]									

最	善	最	善	最	善	最	善	最	善
최선 [가장 최, 좋을 선]									

維	持	維	持	維	持	維	持	維	持
유지 [유지할 유, 유지할 지]									

時	刻	時	刻	時	刻	時	刻	時	刻
시각 [때 시, 시각 각]									

開	閉	開	閉	開	閉	開	閉	開	閉
개폐 [열 개, 닫을 폐]									

閱	覽	閱	覽	閱	覽	閱	覽	閱	覽
열람 [살필 열, 볼 람]									

關	聯	關	聯	關	聯	關	聯	關	聯
관련 [빗장 관, 잇달을 련]									

業	績	業	績	業	績	業	績	業	績
업적 [일 업, 공로 적]									

餘	暇	餘	暇	餘	暇	餘	暇	餘	暇
여가 [남을 여, 겨를 가]									

復	活	復	活	復	活	復	活	復	活
부활 [다시 부, 살 활]									

聖	人	聖	人	聖	人	聖	人	聖	人
성인 [성인 성, 사람 인]									

招	聘	招	聘	招	聘	招	聘	招	聘
초빙 [부를 초, 부를 빙]									

所	聞	所	聞	所	聞	所	聞	所	聞
소문 [바 소, 들을 문]									

聰	明	聰	明	聰	明	聰	明	聰	明
총명 [귀 밝을 총, 눈 밝을 명]									

聽	衆	聽	衆	聽	衆	聽	衆	聽	衆
청중 [들을 청, 무리 중]									

秀	才	秀	才	秀	才	秀	才	秀	才
수재 [빼어날 수, 재주 재]									

公	私	公	私	公	私	公	私	公	私
공사 [공적 공, 사사로울 사]									

秩	序	秩	序	秩	序	秩	序	秩	序
질서 [차례 질, 차례 서]									

移	徙	移	徙	移	徙	移	徙	移	徙
이사 [옮길 이, 옮길 사]									

納	稅	納	稅	納	稅	納	稅	納	稅
납세 [들일 납, 조세 세]									

積	立	積	立	積	立	積	立	積	立
적립 [쌓을 적, 세울 립]									

貞	操	貞	操	貞	操	貞	操	貞	操
정조 [곧을 정, 지조 조]									

財	貨	財	貨	財	貨	財	貨	財	貨
재화 [재화 재, 재화 화]									

貧	富	貧	富	貧	富	貧	富	貧	富
빈부 [가난할 빈, 부유할 부]									

貪	慾	貪	慾	貪	慾	貪	慾	貪	慾
탐욕 [탐할 탐, 욕심 욕]									

叱	責	叱	責	叱	責	叱	責	叱	責
질책 [꾸짖을 질, 꾸짖을 책]									

貯	蓄	貯	蓄	貯	蓄	貯	蓄	貯	蓄
저축 [쌓을 저, 쌓을 축]									

賣	買	賣	買	賣	買	賣	買	賣	買
매매 [팔 매, 살 매]									

貸	與	貸	與	貸	與	貸	與	貸	與
대여 [빌려 줄 대, 줄 여]									

賃	貸	賃	貸	賃	貸	賃	貸	賃	貸
임대 [품팔 임, 빌려 줄 대]									

消	費	消	費	消	費	消	費	消	費
소비 [쓸 소, 쓸 비]									

貿	易	貿	易	貿	易	貿	易	貿	易
무역 [바꿀 무, 바꿀 역]									

賀	客	賀	客	賀	客	賀	客	賀	客
하객 [하례할 하, 손님 객]									

貴	賓	貴	賓	貴	賓	貴	賓	貴	賓
귀빈 [귀할 귀, 손님 빈]									

下	賜	下	賜	下	賜	下	賜	下	賜
하사 [아래 하, 줄 사]									

賤	視	賤	視	賤	視	賤	視	賤	視
천시 [천할 천, 볼 시]									

割	賦	割	賦	割	賦	割	賦	割	賦
할부 [나눌 할, 줄 부]									

鑑	賞	鑑	賞	鑑	賞	鑑	賞	鑑	賞
감상 [볼 감, 감상할 상]									

賢	明	賢	明	賢	明	賢	明	賢	明
현명 [어질 현, 밝을 명]									

質	朴	質	朴	質	朴	質	朴	質	朴
질박 [바탕 질, 소박할 박]									

信	賴	信	賴	信	賴	信	賴	信	賴
신뢰 [믿을 신, 믿을 뢰]									

贈	呈	贈	呈	贈	呈	贈	呈	贈	呈
증정 [줄 증, 줄 정]									

贊	成	贊	成	贊	成	贊	成	贊	成
찬성 [찬성할 찬, 이룰 성]									

履	歷	書	履	歷	書	履	歷	書
이력서 [밟을 리, 지낼 력, 글 서]								
履	歷	書	履	歷	書	履	歷	書

한자		읽기	따라 쓰기							
適	性	적성 [맞을 적, 성품 성]	適	性	適	性	適	性	適	性
就	業	취업 [나아갈 취, 일 업]	就	業	就	業	就	業	就	業
年	俸	연봉 [해 년, 봉급 봉]	年	俸	年	俸	年	俸	年	俸
解	雇	해고 [풀 해, 고용할 고]	解	雇	解	雇	解	雇	解	雇
充	電	충전 [채울 충, 전기 전]	充	電	充	電	充	電	充	電
趣	味	취미 [향할 취, 맛 미]	趣	味	趣	味	趣	味	趣	味
示	唆	시사 [보일 시, 부추길 사]	示	唆	示	唆	示	唆	示	唆

祭	祀	祭	祀	祭	祀	祭	祀	祭	祀
제사 [제사 제, 제사 사]									

祝	祭	祝	祭	祝	祭	祝	祭	祝	祭
축제 [빌 축, 제사 제]									

神	奇	神	奇	神	奇	神	奇	神	奇
신기 [신기할 신, 기이할 기]									

禮	節	禮	節	禮	節	禮	節	禮	節
예절 [예도 례, 절도 절]									

祝	賀	祝	賀	祝	賀	祝	賀	祝	賀
축하 [축하할 축, 하례할 하]									

禁	忌	禁	忌	禁	忌	禁	忌	禁	忌
금기 [막을 금, 꺼릴 기]									

冷	笑	冷	笑	冷	笑	冷	笑	冷	笑
냉소 [찰 랭, 웃을 소]									

符	合	符	合	符	合	符	合	符	合
부합 [부신 부, 합할 합]									

均	等	均	等	均	等	均	等	均	等
균등 [고를 균, 고를 등]									

答	案	答	案	答	案	答	案	答	案
답안 [대답할 답, 문서 안]									

計	策	計	策	計	策	計	策	計	策
계책 [꾀 계, 꾀 책]									

暗	算	暗	算	暗	算	暗	算	暗	算
암산 [몰래 암, 계산할 산]									

管	理	管	理	管	理	管	理	管	理
관리 [관장할 관, 다스릴 리]									

規	範	規	範	規	範	規	範	規	範
규범 [법 규, 법 범]									

全	篇	全	篇	全	篇	全	篇	全	篇
전편 [온전할 전, 책 편]									

建	築	建	築	建	築	建	築	建	築
건축 [세울 건, 쌓을 축]									

篤	學	篤	學	篤	學	篤	學	篤	學
독학 [도타울 독, 배울 학]									

帳	簿	帳	簿	帳	簿	帳	簿	帳	簿
장부 [장부 장, 장부 부]									

在	籍	在	籍	在	籍	在	籍	在	籍
재적 [있을 재, 문서 적]									

子	息	子	息	子	息	子	息	子	息
자식 [아들 자, 자식 식]									

舅	婦	舅	婦	舅	婦	舅	婦	舅	婦
구부 [시아버지 구, 며느리 부]									

丈	人	丈	人	丈	人	丈	人	丈	人
장인 [장인 장, 사람 인]									

媤	家	媤	家	媤	家	媤	家	媤	家
시가 [시집 시, 집 가]									

妻	家	妻	家	妻	家	妻	家	妻	家
처가 [아내 처, 집 가]									

銘	心	銘	心	銘	心	銘	心	銘	心
명심 [새길 명, 마음 심]									

寶	庫	寶	庫	寶	庫	寶	庫	寶	庫
보고 [보배 보, 창고 고]									

廣	告	廣	告	廣	告	廣	告	廣	告
광고 [넓을 광, 알릴 고]									

政	府	政	府	政	府	政	府	政	府
정부 [정사 정, 관청 부]									

徹	底	徹	底	徹	底	徹	底	徹	底
철저 [통할 철, 아래 저]									

露	店	露	店	露	店	露	店	露	店
노점 [한데 로, 가게 점]									

庶	民	庶	民	庶	民	庶	民	庶	民
서민 [여러 서, 백성 민]									

廉	價	廉	價	廉	價	廉	價	廉	價
염가 [값쌀 렴, 값 가]									

廢	校	廢	校	廢	校	廢	校	廢	校
폐교 [폐할 폐, 학교 교]									

現	金	現	金	現	金	現	金	現	金
현금 [이제 현, 돈 금]									

愚	鈍	愚	鈍	愚	鈍	愚	鈍	愚	鈍
우둔 [어리석을 우, 둔할 둔]									

銳	利	銳	利	銳	利	銳	利	銳	利
예리 [날카로울 예, 날카로울 리]									
記	錄	記	錄	記	錄	記	錄	記	錄
기록 [적을 기, 적을 록]									
錯	誤	錯	誤	錯	誤	錯	誤	錯	誤
착오 [섞일 착, 그릇될 오]									
鎭	火	鎭	火	鎭	火	鎭	火	鎭	火
진화 [누를 진, 불 화]									
洗	鍊	洗	鍊	洗	鍊	洗	鍊	洗	鍊
세련 [다듬을 세, 단련할 련]									
衣	裳	衣	裳	衣	裳	衣	裳	衣	裳
의상 [옷 의, 치마 상]									
發	表	發	表	發	表	發	表	發	表
발표 [낼 발, 겉 표]									

衰	弱	衰	弱	衰	弱	衰	弱	衰	弱
쇠약 [쇠할 쇠, 약할 약]									

裁	斷	裁	斷	裁	斷	裁	斷	裁	斷
재단 [마를 재, 자를 단]									

補	完	補	完	補	完	補	完	補	完
보완 [도울 보, 완전할 완]									

腦	裏	腦	裏	腦	裏	腦	裏	腦	裏
뇌리 [골 뇌, 속 리]									

製	作	製	作	製	作	製	作	製	作
제작 [만들 제, 만들 작]									

複	寫	複	寫	複	寫	複	寫	複	寫
복사 [겹칠 복, 베낄 사]									

裸	身	裸	身	裸	身	裸	身	裸	身
나신 [벌거벗을 라, 몸 신]									

褒	貶	褒	貶	褒	貶	褒	貶	褒	貶
포폄 [기릴 포, 낮출 폄]									

世	襲	世	襲	世	襲	世	襲	世	襲
세습 [세상 세, 물려줄 습]									

系	統	系	統	系	統	系	統	系	統
계통 [혈통 계, 계통 통]									

紀	綱	紀	綱	紀	綱	紀	綱	紀	綱
기강 [법도 기, 법도 강]									

期	約	期	約	期	約	期	約	期	約
기약 [기약할 기, 약속 약]									

純	眞	純	眞	純	眞	純	眞	純	眞
순진 [순수할 순, 참 진]									

儉	素	儉	素	儉	素	儉	素	儉	素
검소 [검소할 검, 검소할 소]									

搜	索	搜	索	搜	索	搜	索	搜	索
수색 [찾을 수, 찾을 색]									

終	了	終	了	終	了	終	了	終	了
종료 [끝낼 종, 마칠 료]									

連	累	連	累	連	累	連	累	連	累
연루 [이을 연, 묶을 루]									

結	論	結	論	結	論	結	論	結	論
결론 [맺을 결, 말할 론]									

絶	交	絶	交	絶	交	絶	交	絶	交
절교 [끊을 절, 사귈 교]									

傳	統	傳	統	傳	統	傳	統	傳	統
전통 [전할 전, 이을 통]									

經	緯	經	緯	經	緯	經	緯	經	緯
경위 [날실 경, 씨실 위]									

緊	要	緊	要	緊	要	緊	要	緊	要
긴요 [긴요할 긴, 중요할 요]									

緩	急	緩	急	緩	急	緩	急	緩	急
완급 [느릴 완, 빠를 급]									

繼	續	繼	續	繼	續	繼	續	繼	續
계속 [이을 계, 이을 속]									

積	載	積	載	積	載	積	載	積	載
적재 [쌓을 적, 실을 재]									

罪	囚	罪	囚	罪	囚	罪	囚	罪	囚
죄수 [죄 죄, 죄수 수]									

回	甲	回	甲	回	甲	回	甲	回	甲
회갑 [돌 회, 첫째 천간 갑]									

困	難	困	難	困	難	困	難	困	難
곤란 [어려울 곤, 어려울 란]									

堅	固	堅	固	堅	固	堅	固	堅	固
견고 [굳을 견, 굳을 고]									

周	圍	周	圍	周	圍	周	圍	周	圍
주위 [두루 주, 둘레 위]									

庭	園	庭	園	庭	園	庭	園	庭	園
정원 [뜰 정, 뜰 원]									

圓	滿	圓	滿	圓	滿	圓	滿	圓	滿
원만 [둥글 원, 원만할 만]									

圖	書	圖	書	圖	書	圖	書	圖	書
도서 [그림 도, 책 서]									

團	員	團	員	團	員	團	員	團	員
단원 [모일 단, 사람 원]									

尾	行	尾	行	尾	行	尾	行	尾	行
미행 [꼬리 미, 걸을 행]									

結	局	結	局	結	局	結	局	結	局
결국 [맺을 결, 판 국]									

居	處	居	處	居	處	居	處	居	處
거처 [살 거, 처할 처]									

卑	屈	卑	屈	卑	屈	卑	屈	卑	屈
비굴 [낮을 비, 굽을 굴]									

社	屋	社	屋	社	屋	社	屋	社	屋
사옥 [단체 사, 집 옥]									

發	展	發	展	發	展	發	展	發	展
발전 [낼 발, 펼 전]									

屢	次	屢	次	屢	次	屢	次	屢	次
누차 [여러 루, 차례 차]									

層	階	層	階	層	階	層	階	層	階
층계 [층계 층, 층계 계]									

所	屬	所	屬	所	屬	所	屬
소속 [바 소, 속할 속]							

移	徙	移	徙	移	徙	移	徙
이사 [옮길 이, 옮길 사]							

專	貰	專	貰	專	貰	專	貰
전세 [오로지 전, 세낼 세]							

戶	主	戶	主	戶	主	戶	主
호주 [집 호, 주인 주]							

選	擧	選	擧	選	擧	選	擧
선거 [가릴 선, 들 거]							

市	民	市	民	市	民	市	民
시민 [시장 시, 백성 민]							

公	證	公	證	公	證	公	證
공증 [공변될 공, 증명할 증]							

抹	消	抹	消	抹	消	抹	消	抹	消
말소 [지울 말, 없앨 소]									

疏	明	疏	明	疏	明	疏	明	疏	明
소명 [알릴 소, 밝힐 명]									

更	迭	更	迭	更	迭	更	迭	更	迭
경질 [고칠 경, 바꿀 질]									

國	債	國	債	國	債	國	債	國	債
국채 [나라 국, 빚 채]									

破	產	破	產	破	產	破	產	破	產
파산 [깨뜨릴 파, 재산 산]									

倒	產	倒	產	倒	產	倒	產	倒	產
도산 [넘어질 도, 재산 산]									

不	渡	不	渡	不	渡	不	渡	不	渡
부도 [아니 부, 건널 도]									

抵	當	抵	當	抵	當	抵	當	抵	當
저당 [막을 저, 당할 당]									

融	資	融	資	融	資	融	資	融	資
융자 [화할 융, 밑천 자]									

刊	行	刊	行	刊	行	刊	行	刊	行
간행 [책 펴낼 간, 행할 행]									

刑	罰	刑	罰	刑	罰	刑	罰	刑	罰
형벌 [형벌 형, 죄 벌]									

別	味	別	味	別	味	別	味	別	味
별미 [특별할 별, 맛 미]									

判	定	判	定	判	定	判	定	判	定
판정 [판단할 판, 정할 정]									

初	期	初	期	初	期	初	期	初	期
초기 [처음 초, 때 기]									

抑	制	抑	制	抑	制	抑	制	抑	制
억제 [누를 억, 억제할 제]									

印	刷	印	刷	印	刷	印	刷	印	刷
인쇄 [찍을 인, 찍을 쇄]									

刺	殺	刺	殺	刺	殺	刺	殺	刺	殺
척살 [찌를 척, 죽일 살]									

刻	削	刻	削	刻	削	刻	削	刻	削
각삭 [새길 각, 깎을 삭]									

副	賞	副	賞	副	賞	副	賞	副	賞
부상 [버금 부, 상 상]									

役	割	役	割	役	割	役	割	役	割
역할 [부릴 역, 나눌 할]									

創	造	創	造	創	造	創	造	創	造
창조 [비롯할 창, 만들 조]									

協	助	協	助	協	助	協	助	協	助
협조 [도울 협, 도울 조]									

努	力	努	力	努	力	努	力	努	力
노력 [힘쓸 노, 힘 력]									

勸	勉	勸	勉	勸	勉	勸	勉	勸	勉
권면 [권할 권, 힘쓸 면]									

勞	動	勞	動	勞	動	勞	動	勞	動
노동 [일할 로, 움직일 동]									

出	勤	出	勤	出	勤	出	勤	出	勤
출근 [나갈 출, 부지런할 근]									

權	勢	權	勢	權	勢	權	勢	權	勢
권세 [권리 권, 형세 세]									

奬	勵	奬	勵	奬	勵	奬	勵	奬	勵
장려 [권면할 장, 권장할 려]									